Jaime Jaramillo

Ich liebe dich…, aber ich bin glücklich ohne dich

100%
RECYCLINGPAPIER

Jaime Jaramillo

Ich liebe dich…,
aber ich bin glücklich
ohne dich

Titel der spanischen Originalausgabe:
'Te amo..., si soy feliz sin ti.'
erschienen bei Liderazgo Pap'a Jaime
© Jaime Jaramillo. First published 2007.
All rights reserved.

Copyright der deutschen Ausgabe: Lüchow
in J. Kamphausen Verlag & Distribution GmbH, Bielefeld

ISBN 978-3-89901-526-3

Übersetzung:	Sibylle Steinpaß
Gestaltung Umschlag:	Morian & Bayer-Eynck
Abbildung:	© fotolia | viperagp
Gestaltung Innenteil:	Kerstin Fiebig | ad department
Lektorat:	Horst H. Walter
Druck & Verarbeitung:	Westermann Druck Zwickau GmbH

www.weltinnenraum.de

1. Auflage 2013

Bibliografische Information der Deutschen Nationalbibliothek:
Die Deutsche Nationalbibliothek verzeichnet diese Publikation in der
Deutschen Nationalbibliografie; detaillierte bibliografische Daten sind
im Internet über http://dnb.d-nb.de abrufbar.

Dieses Buch wurde auf 100 % Altpapier gedruckt
und ist alterungsbeständig. Weitere Informationen hierzu
finden Sie unter www.weltinnenraum.de.

Für alle,
die unbewusst mit ihrem Geist dort sind,
wo ihr Herz nicht sein möchte.

Einleitung .... S. 8

Das Anhaften verstehen .... S. 12

Was genau bedeutet Anhaften? .... S. 13

Arten von Anhaftungen .... S. 17

    Emotionale Anhaftung .... S. 17

    Materielle Anhaftung .... S. 26

    Ideologische Anhaftung .... S. 29

Die Entscheidung liegt in deiner Hand .... S. 31

Das Erwachen: eine einfache spirituelle Lösung .... S. 34

Die Magie der Spiritualität .... S. 40

Fliegen mit geliehenen Flügeln .... S. 52

**Mit den eigenen Flügeln in eine
neue Dimension der Freiheit fliegen** .... S. 62

Wirklich verstehen, was Liebe ist .... S. 65

Den verborgenen Feind entlarven .... S. 71

Unsere Glaubenssätze erkennen .... S. 75

    Glaubenssätze, die zu emotionaler Anhaftung führen .... S. 79

    Glaubenssätze, die zu materieller Anhaftung führen .... S. 81

    Glaubenssätze, die zu ideologischer Anhaftung führen .... S. 81

Unsere Ängste erkennen .... S. 82

    Angst vor Einsamkeit .... S. 85

    Angst vor dem Verlust des geliebten Menschen .... S. 87

    Angst vor dem Verlust der Annehmlichkeiten .... S. 90

Unsere Gedanken, Gefühle und Emotionen erkennen ...... S. 93

Schmerz verstehen .... S. 98

Wege zu einem höheren Bewusstsein .... S. 104

Der Körper .... S. 106

Der mentale Geist .... S. 108

Dein Verhältnis zur Welt .... S. 109

Dein Verhältnis zu anderen Menschen .... S. 112

Emotionen und Gedanken, die dein Leben bestimmen .... S. 113

Glaubenssätze, die dir schaden und zu Anhaftung führen .... S. 114

Ängste, die dein Leben bestimmen .... S. 116

Erkenne den Schmerz und überwinde ihn .... S. 118

Spezifische Lösungen für jeden Einzelfall .... S. 120

Der spirituelle Geist .... S. 128

Die kreative Visualisierung .... S. 129

Meditation macht dich frei .... S. 136

Dienst am Nächsten als Therapie .... S. 174

Feiere das Leben .... S. 178

Breite deine Flügel aus und flieg! .... S. 182

Einleitung

Ich habe die Gelegenheit gehabt, Tausende von Menschen auf der ganzen Welt kennenzulernen und mit ihnen zu arbeiten, von den Frömmsten und Gebildetsten bis zu den gewissenlosesten Verbrechern. Was mich dabei am stärksten beeindruckt hat, war, zu sehen, wie die Mehrheit dieser Menschen, auch wenn sie unterschiedlichen Rassen, Kulturen, Religionen und gesellschaftlichen Schichten angehören, im Grunde ihres Herzens voller Ängste, Befürchtungen und Anhaftungen sind, und Leid ein fester Bestandteil ihres Lebens ist.

Es gibt viele Bücher, die vom Anhaften handeln, und Tausende von Techniken, die Psychiater und Psychologen ihren Patienten mit dem Ziel vermitteln, das Anhaften zu überwinden, das so großen Schaden anrichtet. Verzweifelte Menschen suchen Hilfe bei Angeboten, die schnellen Erfolg versprechen, wie Kartenlegen, geistigen Medien, Regressionstherapie, Hypnose, Magie und vielen anderen Therapien.

Mit solchen „Hausmitteln" können jedoch nur Auswirkungen und Folgen – nicht aber die wirkliche Ursache des Problems – behandelt werden. Diese nämlich liegt in der Art, wie wir die Welt mit unseren Sinnen aufnehmen, in unserem Denken und in den Glaubenssätzen, mit denen wir programmiert wurden. Bedenke, dass das, was du glaubst, auf dem beruht, was du gelernt hast, und geprägt ist von deinem Land, deinem gesellschaftlichen Umfeld und der Zeit, in der du aufgewachsen bist. Ich möchte erreichen, dass du erkennst, dass das, was du glaubst, nicht die letzte Wahrheit ist – und du somit deine Glaubenssätze verändern kannst.

Die Menschen sehen und begreifen nicht, dass die wahre Lösung für ihre verschiedenen Arten von Anhaftungen nicht im Außen zu finden ist und nicht von bestimmten Bedingungen oder anderen Menschen abhängt, sondern einzig und allein in ihnen selbst, in ihrem eigenen Inneren liegt.

Ein Mann, der eine Straße hinunter spazierte, sah, wie eine Frau im Lichtkegel einer Straßenlaterne langsam über eine Wiese kroch. Neugierig näherte er sich ihr und fragte sie: „Verzeihung. Was ist passiert? Brauchen Sie Hilfe?" – „Ja, vielen Dank", erwiderte die Frau. „Ich suche meinen Hausschlüssel." Der Mann bückte sich hilfsbereit und begann zu suchen. Nachdem sie eine ganze Zeit lang unter der Straßenlaterne gesucht hatten, ohne den Schlüssel zu finden, fragte er die Frau: „Sind Sie sicher, dass Sie den Schlüssel hier verloren haben? Haben Sie eine Ahnung, wo das gewesen sein könnte?" Da antwortete die Frau: „Ja natürlich. Der Schlüssel ist mir da drüben heruntergefallen, in dieser Straße dort." Verwundert fragte der Mann: „Aber warum suchen Sie ihn dann hier und nicht dort?" Und die Frau antwortete: „Weil es hier heller und bequemer ist und ich die Stelle hier besser kenne."

Unsere Anhaftungen sind genauso absurd wie diese Geschichte. Wir suchen unsere emotionale Freiheit und unseren Frieden im Äußeren, wo wir scheinbar mehr Licht haben, mehr Bequemlichkeit, mehr Vergnügen. Doch wir sollten danach besser in unserem Inneren suchen, auch wenn diese Suche anfangs unbequem, dunkel und schwierig erscheint. Die Lösung für einen tatsächlichen, tief greifenden Wandel ist spiritueller Natur. Wenn ich spirituell sage, meint das nicht, dass du einer Kirche angehören oder die Messe besuchen musst, fanatisch werden, dich geißeln oder sonstige nutzlose Opfer bringen sollst, die jenseits von Logik und gesundem Menschenverstand liegen, sondern es bedeutet, dass du den natürlichen Bewusstseinszustand erlangen sollst, der Liebe ist – in dem kein Anhaften und keine Angst ist.

Dieses Buch soll keine wissenschaftliche, philosophische oder psychologische Arbeit über das menschliche Verhalten sein und ich will in ihm auch keine Theorien und Hypothesen erörtern, die sich auf ein weites Spektrum von Forschungen gründen. Ganz im Gegenteil: Ich möchte einfache und wirksame Werkzeuge zur Verfügung stellen, die schon Tausenden von Menschen auf der ganzen Welt – egal welcher Religion oder Kultur sie angehörten, wie alt sie waren oder welche gesellschaftliche Stellung sie innehatten – geholfen haben, dem Anhaften zu entfliehen, der meiner Meinung nach schlimmsten Form von Abhängigkeit. Diese Werkzeuge sind eine Mischung aus der kraftvollen Weisheit des Ostens und dem Schönen, das die materielle Welt des Westens zu bieten hat, und sie ermöglichen dir, inneren Frieden und Ruhe zu erlangen. Dadurch wirst du frei, neue Möglichkeiten zu erforschen und Bedeutung und Sinn in deinem Leben zu finden. Das Wichtigste ist, dass es dir gelingt, frei zu leben – ohne Anhaften und ohne Ängste.

Das Glück ist uns angeboren und es ist egal, an welchem Ort wir zur Welt gekommen sind, in welche Kultur oder Religion wir hineingewachsen sind oder ob wir reich oder arm, hübsch oder hässlich sind. Glücklich sein ist unser wahrhaftiger und ursprünglicher Zustand – und deshalb können wir alle auch glücklich werden.

Es ist egal, in welcher Lebenssituation du dich gerade befindest. Wichtig ist, wofür du dich jetzt entscheidest und was du dir vornimmst, um voranzukommen. Denn das Einzige, was feststeht, ist, dass es kein anderer für dich tun kann und tun wird – du musst es selbst in die Hand nehmen. Erinnere dich immer daran, dass dein Herz dort sein wird, wohin du deinen Geist richtest.

Das Anhaften verstehen

Wer in der Welt des Anhaftens lebt, schließt die Türen des Paradieses und öffnet jene der Hölle.

Was genau bedeutet Anhaften?

Der dichte Rauch und der Drogengeruch auf jenem Seelenfriedhof, auf dem ich mich in einer kalten Nacht in Bogotá aufhielt, bewirkten, dass ich mich für einen Augenblick sehr seltsam und wie abwesend fühlte, aber unbegreiflicherweise zugleich so nah und vertraut. Mitten auf dieser engen, finsteren Straße, in der damals noch viele Bedürftige lebten und die als „Patronenstraße" beruchtigt war, kam eine alte Frau mit gekrümmtem Rücken auf mich zu, die in schmutzige, rosafarbene Lumpen gehüllt war. Ich erinnere mich noch genau an ihre eingefallenen Augen, ihre runzlige Haut und an den Ausdruck von tiefem Schmerz und Kummer in ihrem Gesicht. Anstatt mich mit Papá Jaime anzureden, dem Namen, mit dem ich den Anwohnern dieser Straße bekannt war, fragte sie mich, während sie näher kam: „Jaime Eduardo, kennst du mich etwa nicht mehr?" Ich war überrascht, denn ich konnte mir nicht erklären, wie jemand, der in dieser Straße lebte, meinen vollständigen Taufnamen kannte. Die einzigen Menschen, die mich mit meinem Taufnamen anreden, sind Familienmitglieder oder andere mir nahestehende Menschen aus meiner Kindheit oder Jugendzeit in meiner Heimatstadt, und ich ahnte, dass sie von dort stammen musste. Aber ich wusste nicht, wen ich da vor mir hatte. Da sagte sie mir, dass sie Patricia sei – ein Mädchen, mit dem ich einige Jahre meiner Jugend verbracht hatte – und an ihrem unverwechselbaren Akzent erkannte ich sie. Doch ich konnte kaum glauben, dass aus der umwerfenden Frau, die mich in meinen Jugendjahren mit ihrer Schönheit und ihrem anmutigen Gang beeindruckt hatte, solch eine alte Frau geworden war, die kaum gehen konnte. Trotz meiner Verwunderung umarmte ich sie spontan und herzlich. Ich konnte das Zittern ihres schwachen Körpers spüren, und die Tränen, die an ihren Wangen herunterliefen, benetzten mein Gesicht. Schließlich hörte sie auf zu weinen und sagte: „Bitte hilf mir. Mein Leben besteht seit drei Jahren aus nichts als Drogen und Angst."

Wir gingen in ein kleines Lokal, das nach einem drittklassigen Bordell aussah und dessen schrille, traurige Musik für diesen finsteren, düsteren Ort wie gemacht schien. Nachdem wir uns gesetzt hatten, bat ich sie: „Erzähl mir von dir. Ich höre dir zu." Sie blickte zerstreut und ängstlich vor sich hin und meinte, dass die Geschichte aber sehr lang sei. Ich versicherte ihr, dass ich genug Zeit hätte, und ihr gerne zuhöre, wenn sie wirklich Hilfe wolle, um aus dieser Hölle herauszukommen. Und dann begann sie zu erzählen: „Ich war glücklich und erfolgreich. Wie du weißt, hatte ich alles, was eine Frau sich wünschen kann: eine wunderbare Familie, einen vorbildlichen Ehemann, einen wundervollen Sohn, einen Beruf, materielle Sicherheit, Macht, Prestige und Ansehen in meinem gesellschaftlichen Umfeld. Wie durch Hexerei fiel mein Leben von einem Moment auf den anderen in sich zusammen und alles zerbrach vor meinen Augen: Mein Mann wurde entführt und ermordet; ein paar Monate danach starb mein Sohn; und als wenn das nicht schon genug wäre, musste die Firma meines Mannes Konkurs anmelden und mein gesellschaftliches Leben war zertrümmert. Ich fing an, zum Psychiater zu gehen und Antidepressiva zu nehmen. Ich verliebte mich in ihn, aber auch er machte gerade eine schwierige Lebensphase durch. Ich begann zu trinken, und die Sucht machte mich langsam fertig, bis ich allen Lebensmut verlor. Ich habe oft mit dem Gedanken gespielt, mich vor ein Auto zu werfen oder Gift zu nehmen, um endlich meinen Frieden bei meinem Sohn im Jenseits zu finden." Als sie mit ihrer Erzählung fertig war, sagte ich zu ihr: „Dein Problem liegt einzig und allein darin, dass du dein Leben von anderen Menschen und von Dingen abhängig gemacht hast. Das hat zu extremem Anhaften geführt. Als du dann alles verloren hattest, fiel dein Leben in sich zusammen. Weil du so in Angst und Verzweiflung verstrickt bist, ist das Leben, das an sich wunderschön ist, an dir vorbeigegangen und du hast es nicht einmal gemerkt. Du musst anfangen, in deinem Inneren an dir zu arbeiten, damit du wieder Freude am Leben gewinnst."

So wie Patricia leben überall unzählige Menschen auf der ganzen Welt. Und so wie sie fallen einige ganz tief, während andere sich selbst etwas vormachen und ihr Leben gut erscheinen lassen können, obwohl es im Grunde die Hölle ist. Wir leben in einer Gesellschaft, in der wir alle auf die eine oder andere Weise in vielen Dingen von anderen abhängig sind. Wir brauchen Lebensmittel, Kleidung, Medikamente und ähnliche Dinge. In solchen Dingen auf andere angewiesen zu sein ist nicht schlimm, denn dabei handelt es sich ja um eine Art Austausch von Produkten oder Dienstleistungen, die zum Leben notwendig sind. Problematisch wird es dann, wenn wir psychisch und emotional von anderen Menschen abhängig sind, um glücklich sein zu können. Oder wenn wir nicht ohne bestimmte Dinge leben können, wie Macht, Ansehen, Geld, Ruhm oder Anerkennung. Denn wenn wir dann nicht das erreichen, was wir erstreben oder nicht den Menschen bekommen, den wir wollen, sind wir beunruhigt und das, was wir für Glück halten, kommt uns abhanden. Weil wir Angst bekommen, die Person oder Sache, die uns angeblich zum Glücklichsein verhilft, zu verlieren, geht in diesem Moment unser Wunsch in Anhaftung über.

Das Anhaften nährt sich von Angst und diese Ängste sind der Ursprung allen menschlichen Leidens. Aufgrund unserer Ängste entwickeln wir einen Mechanismus des Selbstschutzes oder der permanenten Verleugnung, der wiederum zu Selbsttäuschung führt. Wir haben so große Angst, verletzt zu werden, dass wir die Wirklichkeit nicht wahrhaben wollen und in Unbewusstheit versinken. Solange wir uns in diesem Zustand befinden, leiden wir und können nicht begreifen, dass es in der Liebe keine Verpflichtungen und Erwartungen gibt, während sich bei Angst gerade darum alles dreht. Wenn wir es unseren Anhaftungen erlauben, unser Leben zu bestimmen, verlegen wir das Glück ins Außen und in die Hände anderer. Dann liegt es nicht mehr an uns, ob wir glücklich sind, und unser Leben beginnt von Bedingungen abzuhängen. Dann steht unser Leben Kopf, denn es basiert nicht mehr auf dem Sein, sondern auf dem Haben. Unbewusst und ängstlich suchen wir immer die Anerkennung der anderen, und wir werden nie glücklich sein, solange wir nicht all das haben, was wir wollen, oder werden unglücklich, wenn wir verlieren, was wir schon hatten. Das heißt, wir schließen die Türen zu unserem Paradies und öffnen die der Hölle.

Arten von Anhaftungen

Wir erfahren das Leben durch unsere Sinne. Wir erhalten Informationen von unseren Eltern, Lehrern, von den Medien, von Studienkollegen etc. All diese Informationen sind durchdrungen von Glaubenssätzen aus früheren Zeiten, die von Angst und Furcht geprägt sind und sich ständig wandeln. Wenn wir zulassen, dass diese Glaubenssätze zu unserer Wahrheit werden, verzerrt sich die Wirklichkeit. Wir schaffen unsere eigenen Glaubenssätze und es entstehen verschiedene Arten von Anhaftungen, je nachdem wie unsere jeweiligen Lebensumstände sind. Daher haben wir Menschen gleichzeitig verschiedene Arten von Anhaftungen. Einige sind vielleicht stärker als andere. Einige können uns sogar ganz aus dem Gleichgewicht bringen, wenn wir das verlieren, was wir so sehr brauchen. Es gibt drei verschiedene Arten von Anhaftungen, die sich auf unterschiedliche Art und Weise in unserem Leben manifestieren. Abhängig von der Lebensphase, in der wir uns gerade befinden, können sich sowohl die Anhaftungen ändern als auch die Intensität, mit der wir meinen, sie zu brauchen. Wir müssen wirklich genau hinschauen, um sie zu erkennen und zu verstehen.

Emotionale Anhaftung

In meinem Leben spürte ich emotionale Anhaftung erstmals als Jugendlicher. Ich kann mich immer noch an die schönen grünen Augen meiner ersten Liebe erinnern. Gefühle voller Magie, Unschuld, Staunen und Schönheit stiegen in mir auf. In jener Zeit drehte sich alles nur um sie, und um mehr Zeit mit ihr verbringen zu können, vernachlässigte ich wichtige Dinge, ohne es zu merken. Am Anfang war meine Liebe übergroß und sie wurde zur Besessenheit. Aber was als schöner Traum begann, verwandelte sich aufgrund meiner Eifersucht, Unsicherheit und der Angst, sie zu verlieren, nach und nach in unaufhörliches Leid. Obwohl ich scheinbar alles hatte, was ich wollte, fühlte ich eine enorme Leere und eine große Abhängigkeit von ihr.

Diese Erfahrung ließ mich glauben, dass Liebe immer mit Leiden verbunden ist, so wie sie ja in den alten Boleros und Tangos von Gardel auch immer besungen wurde. Ich beobachtete auch, wie dasselbe, was ich erlebte, ebenso meinen Freunden und meiner Familie widerfuhr. Die emotionale Anhaftung bei den Menschen war leise, beharrlich und schädlich.

Im Jahr 1973, als ich anfing, Kinder von den Straßen und aus den Abwasserkanälen Bogotás zu holen, konnte ich plötzlich den übermächtigen Einfluss des emotionalen Anhaftens auf die Menschen besser einschätzen. Es war unglaublich zu sehen, wie junge Mädchen und Frauen, die auf den Straßen lebten, weil sie von ihren Eltern misshandelt und verlassen worden waren, aufgrund ihres emotionalen Anhaftens die von mir gebotene Möglichkeit ausschlugen, ein Zuhause, Liebe und eine Ausbildung zu bekommen. Sie zogen es stattdessen vor, weiter in einem stinkenden Abwasserkanal, voller menschlicher Exkremente und Ratten oder aber auf der Straße unter einer Brücke zu leben, nur weil sie mit einem Mann zusammenbleiben wollten, den sie zu lieben glaubten und von dem sie aufgrund ihres Zustands der Unbewusstheit nicht loskamen. Die Angst, ihre angebliche Liebe zu verlieren, war größer als die Furcht, von den Todesschwadronen umgebracht zu werden, an den Misshandlungen ihres Partners zu sterben, in dem verseuchten Wasser zu ertrinken, das an ihren Hütten vorbeifloss, zu verhungern, zu erfrieren oder Opfer der maßlosen Gewalt auf den Straßen zu werden. Die Mehrzahl der Frauen lebte dort mit ihren kleinen Kindern, denen sie aus Verzweiflung dieselben Drogen gaben, die sie selbst nahmen, um den Hunger und die Kälte zu betäuben. All dies wurde zu einem Teufelskreis, in dem Verständnis und Vernunft abhanden kamen.

Andererseits sah ich die emotionale Manipulation und Erpressung durch ihre Partner, denn auch sie waren voller Angst, ihre Gefährtinnen zu verlieren. Obwohl sie nicht die ganze Zeit bei ihren Frauen waren, verlangten sie absolute Treue. Und wenn sie sie bei ihrer Rückkehr, nach ein paar Monaten Abwesenheit, mit einem anderen Mann fanden, gerieten sie außer sich. Dann griffen sie zu Mitteln – angefangen bei verbalen Drohungen bis hin zu Schlägen und Messerstichen –, die zum Tod der Frauen oder ihrer neuen Partner führen konnten. Viele dieser jungen Männer sahen Drogen als eine Art Rettungsring, während sie in Wirklichkeit die Fessel waren, die sie in einer Welt von Sorge, Depression und Angst gefangen hielt.

Seit damals bewegt mich das Thema des emotionalen Anhaftens. Ich bin schon immer ein Verfechter der wahren Liebe (nicht des Anhaftens) gewesen, der Individualität, der Freiheit und der Autonomie, die eine Konsequenz der Liebe sind. Wenn die Menschen auf dieser Grundlage miteinander lebten, wäre alles viel harmonischer und es gäbe nicht so viel Leid.

Im Laufe der Zeit habe ich unzählige Fälle von emotionaler Anhaftung aus der Nähe gesehen und erlebt. Ich glaube, sie ist eine der schlimmsten Formen von Abhängigkeit, die viele unheilvolle Konsequenzen nach sich zieht. Während unseres Lebens können wir emotionale Anhaftung zu jedem beliebigen Menschen entwickeln, der zu unserem Daseinsgrund geworden ist. Das kann geschehen in der Beziehung zwischen Mutter und Kind, Ehemann und Ehefrau, Freund und Freundin oder in jeder anderen Beziehung, in der man seine Identität verliert, weil man glaubt, nur durch den anderen leben zu können. Ich habe sogar Fälle von emotionaler Anhaftung an Haustiere erlebt.

Die Sucht nach Zuneigung zeigt sich, wenn ein Mensch die Person, die er sich so wünscht, nicht besitzen kann. Dann nämlich versucht er, dieses unstillbare Verlangen und die Leere, die damit einhergeht, durch andere Süchte zu befriedigen, die unbewusst in seinem Geist entstehen. Das sind vor allem Drogen-, Alkohol-, Arbeits-, Sex-, Spiel- und Esssucht; Süchte, die schließlich seine Verbündeten werden und den Süchtigen depressiv und antriebslos werden lassen oder in extremen Fällen in Leid, Mord und Selbstmord enden.

Die emotionale Anhaftung zeigt sich in ausgeprägter Form in Paarbeziehungen oder wenn ein uns sehr nahestehender Mensch stirbt.

Paarbeziehungen

In unseren Paarbeziehungen durchleben wir verschiedene Situationen und Ereignisse, die zu einem mittelmäßigen, sinnentleerten Leben führen können, wenn wir nicht fähig sind, mit ihnen umzugehen. Manche Menschen bleiben aufgrund verschiedener Ängste viele Jahre mit ihrem Partner zusammen. Da gibt es zum Beispiel die Angst vor dem Verlust der materiellen Sicherheit, die vor gesellschaftlicher Ablehnung, die Angst um das emotionale Gleichgewicht der Kinder; manche haben Angst, von ihrer Religion als Sünder betrachtet zu werden oder einfach nur Angst vor Einsamkeit. Diese Menschen führen ein elendes und unglückliches Leben, weil sie gegen ihre Prinzipien und gegen die Vernunft handeln. Das Erstaunlichste daran ist, dass viele von ihnen diesen Zustand nicht aufgeben möchten. Es gibt sogar Paare, die jahrelang in lautlosem Groll leben und nur darauf warten, sich an ihrem Partner zu rächen.

Andere Menschen opfern für diese angebliche Liebe ihr Glück, um das Ego der anderen Person zu befriedigen und enden schließlich wie Sklaven: unterdrückt, mit Füßen getreten, verachtet und lächerlich gemacht. Diese Menschen vernachlässigen ihr eigenes Leben und ihre Träume, um ausschließlich den Traum des anderen zu leben. Es gibt auch Paare, die ihre Beziehung zwar intensiv gelebt haben, deren Liebe aber aus irgendeinem Grund aufgebraucht ist und die sich weigern, dies zu akzeptieren. Als Abwehrmechanismus versucht das Ego, die Situation durch Hoffnung zu kompensieren. Sie ist sein Lieblingswerkzeug und geht in der Regel mit Selbsttäuschung einher, die eine klare Einschätzung der Situation verhindert. Das Selbstwertgefühl dieser Menschen ist verletzt und geschwächt, sie fühlen sich in einer Sackgasse und ihre Gefühle sind vollkommen durcheinander. Allein aufgrund eines Anrufs, einer E-Mail oder eines unangemeldeten Besuchs des Menschen, der sie verlassen hat, verwandelt sich urplötzlich Liebe und Freude in Hass und Traurigkeit und umgekehrt. Wenn sie die Person verlieren, an der sie so gehangen haben, weigern sich diese Menschen hartnäckig, die Realität zu akzeptieren und wollen auch nicht auf das verzichten, was sie so verletzt und doch außerhalb ihrer Kontrolle ist. Sie haben das Gefühl, dass alle Träume vor ihren Augen in sich zusammenfallen, so wie eine Sandburg, die mit der ersten Welle einstürzt. So verbringen sie Jahre traurig und verzweifelt und glauben, nie wieder einen Menschen zu finden, der diese Leere ausfüllen kann.

Schließlich gibt es Menschen, die glauben, sich nicht an ihren Partner zu klammern und in einem ruhigen und stabilen Miteinander zu leben. Sie erkennen ihr Anhaften an den Partner erst, wenn Probleme auftauchen und sie Beklemmungsgefühle bekommen, weil sie plötzlich Angst haben, den Menschen zu verlieren. In solchen Fällen ist das Anhaften nicht offensichtlich und wird leicht mit Liebe verwechselt.

Man erzählt uns von bedingungsloser und ewiger Liebe. Doch ich frage mich, gibt es etwas, das noch bedingter und endlicher ist und leichter zu verlieren, als die Liebe in einer Paarbeziehung; einer Beziehung, in der unterschiedliche Interessen, Träume und Erwartungen zweier Menschen aufeinandertreffen. Wahre Liebe gründet sich auf Vertrauen und Respekt vor der Freiheit und der Autonomie des anderen; sie manipuliert und kontrolliert nicht, sie bereichert und inspiriert uns, unser Leben mit dem geliebten Wesen zu teilen.

Warum klammern wir uns an einen Menschen, der uns so sehr verletzt? Wie kann es wahre Liebe sein, wenn wir bedingungslos hinnehmen, nicht mehr wir selbst sein zu dürfen?

Außenstehende sehen viele unlogische Verhaltensweisen. Aber Menschen, die in einer Abhängigkeitsbeziehung stecken, finden immer Rechtfertigungen. Sie können die Wirklichkeit nicht klar erkennen und unternehmen die merkwürdigsten Dinge, um die geliebte Person bei sich zu halten.

Du solltest achtsam sein, wenn deine Beziehung endet. In diesem Moment will dein Geist, der bequem und unbewusst ist, nicht seine Manipulationsfähigkeit aufgeben. Sein liebstes Werkzeug ist die emotionale Erpressung, angefangen von einfachen Sätzen wie: „Ich möchte sterben", „Das Leben ist sinnlos ohne dich", „Ich bringe mich um", „Wie kannst du mir das antun, wo ich dir mein ganzes Leben geopfert habe", „Überlege gut, was du tust, denn du wirst es bereuen", „Wenn du gehen willst, dann geh, aber von mir siehst du keinen Euro" – bis hin zu Schreien, Verachtung, Beleidigungen, Schlägen, Misshandlung, Alkohol- und Drogenmissbrauch und Selbstmordversuchen.

Der Tod eines geliebten Menschen

Einige Menschen projizieren ihr ganzes Glück auf den Menschen, mit dem sie zusammenleben. Das kann der Partner sein, aber auch ein Kind, ein Elternteil, ein anderes Familienmitglied oder auch ein Freund. Wenn dieser Mensch stirbt, sind sie so erschüttert, dass sie sich das Leben nicht ohne ihn vorstellen können. Es kann so weit gehen, dass sie sich wünschen, vor dem geliebten Menschen gestorben zu sein oder zusammen mit ihm. Sie fühlen, dass das Leben ohne ihn keinen Sinn mehr hat, dass das Glück mit ihm gestorben ist.

Wenn du dich gerade in einer solchen Situation befindest, wirst du möglicherweise viele verschiedene Gefühle gleichzeitig empfinden. Du fühlst dich vielleicht verwirrt, traurig, beklommen, ärgerlich, erschrocken, schuldig oder ganz einfach leer. Möglicherweise hast du den Eindruck, dass deine Gedanken außer Rand und Band sind und du sie nicht kontrollieren kannst. Du kannst nicht schlafen, essen oder dich auf ein Thema konzentrieren. Es kann sein, dass du innerlich gegen den Schmerz ankämpfst, während du nach außen den Anschein erweckst, dass es dir gut geht, damit die anderen dir nichts anmerken und sich keine Sorgen um dich machen. Dies und noch vieles andere kann sich gerade in dir ereignen. Sicher ist allerdings eins, du möchtest diese unerträglichen Gefühle nicht länger erleiden.

Die Stärke der Empfindungen und Gefühle hängt überwiegend von deiner Situation und von der Art von Beziehung, die du zu dem verstorbenen Menschen hattest, ab. Die Art des Todes mag auch eine Rolle spielen. Wenn die Person zum Beispiel lange krank war, hattest du vielleicht Zeit, dich auf den Tod vorzubereiten, obwohl das nicht heißt, dass es dadurch leichter wird. Wenn der Mensch sehr gelitten hat, fühlst du vielleicht sogar Erleichterung. Wenn er ganz plötzlich gestorben ist, sind dein Schmerz und deine Gefühle vielleicht noch größer.

Diese und viele andere Gefühle sind normal. Viele Menschen fragen sich, ob sie jemals wieder so ruhig leben werden, wie in der Zeit, als sie den Menschen noch an ihrer Seite hatten, denn sie können sich ein Leben ohne den anderen nicht vorstellen. Dieser Prozess, den man Trauer nennt, kann bei vielen Menschen lange dauern, aber allmählich finden sie zu Ruhe und Normalität zurück. Aber es gibt auch Menschen, die sich nie mehr erholen. Sie versinken in einem tiefen Schmerz, der sie in bedauerliche Zustände versetzen kann. Diese Menschen frage ich: Wenn der geliebte Mensch doch tot ist, warum akzeptieren sie diesen Verlust nicht, sondern entscheiden sich, so lange und intensiv zu leiden und sich zu quälen? Was nützen der Schmerz und das Leid? Wem helfen sie? Etwa dem Menschen, der davongegangen ist oder den Hinterbliebenen?

Du solltest begreifen, dass niemand ewig auf dieser Welt ist, dass wir hier nur auf der Durchreise sind und mit leichtem Gepäck reisen müssen und dass wir so wieder aus dem Leben scheiden, wie wir hineingekommen sind. Das Problem ist, dass unsere Gesellschaft dem Tod gegenüber eine ablehnende und negative Einstellung hat. So werden wir darauf programmiert, uns zu quälen, zu weinen, zu trauern und für lange Zeit verbittert zu sein, um damit angeblich das Andenken des Verstorbenen zu ehren und die Aufmerksamkeit und das Mitleid anderer zu erregen. Wenn wir uns nicht so verhalten, gelten wir als respektlos und die Gesellschaft verurteilt uns ohne Gnade.

Es gibt zwei Arten, mit dem Verlust eines geliebten Menschen umzugehen: • Du wirst rebellisch, starrköpfig und selbstgerecht und weigerst dich, den Willen Gottes zu akzeptieren, und du entscheidest dich dafür, für immer an dem Menschen hängen zu wollen, den du verloren hast – dann wirst du leiden. Weil du die Realität nicht akzeptierst, kannst du für den Rest deines Lebens trauern, dich selbst bemitleiden und dich in einem endlosen Kampf aufreiben. • Oder aber du machst dir bewusst und verstehst, dass – ob du willst oder nicht – der geliebte Mensch nicht mehr bei dir ist, und du akzeptierst in Demut und Hingabe, dass du nicht die Macht über äußere Ereignisse hast. Dann leidest du nicht und verstehst, dass letztendlich alles vorbeizieht und im Fluss ist.

Die oben beschriebenen Situationen sind voller Fragen. Wahrscheinlich bist du jetzt verwirrt und verstehst nicht, dass es einen Ausweg aus der Krise gibt. Das liegt an der Erschütterung, die dich erfasst hat. Auch wenn du es dir jetzt noch nicht vorstellen kannst – du wirst sehen, dass du über deinen Schmerz hinwegkommst, wenn du deinen Geist für neue Möglichkeiten öffnest. Die Entscheidung liegt in deinen Händen. Du kannst in deinem Loch bleiben oder du kannst herauskommen und die Welt aus einer anderen Perspektive sehen – aus einer Perspektive, die Freude, Frieden und Glück in dein Leben bringt.

Materielle Anhaftung

Ich wurde in eine traditionelle Familie in Zentralkolumbien hineingeboren, in der Liebe und Zusammenhalt sehr wichtig sind. Manizales, die Stadt, die ich im Herzen trage und in der ich die schönen Jahre meiner Kindheit und Jugend verbracht habe, zeichnet sich durch eine starke gesellschaftliche Klassentrennung aus. Aus „gutem Hause" zu sein hieß automatisch, Geld und Macht zu haben. Je mehr Geld da war, als umso besser galt die Familie. So wuchs ich mit vielen Glaubenssätzen darüber auf, wie wichtig Geld, Erfolg und Macht sind, um vor anderen gut dazustehen und angeblich glücklich zu sein. Ich spürte schon immer einen Hang, Schwächeren zu helfen. Aus dem Grund kritisierte man mich für gewöhnlich und hielt mich für „andersartig".

Schon von klein auf sah man mich als eine Art Verrückten und Abweichler an, weil ich mich nie danach richtete, was die Gesellschaft vorschrieb. Obwohl mein Streben immer war, mich von Geistigem und nicht von Materiellem leiten zu lassen, wurde auch ich mit der Zeit von den Glaubenssätzen über Besitzen, Haben und Wollen beeinflusst. So vergingen die Jahre, und parallel zu meiner Arbeit mit Bedürftigen, hatte ich auch beruflich großen Erfolg. Es gab einen Moment in meinem Leben, wo Geld, Anerkennung und Macht zum Wichtigsten für mich wurden. Auf der ganzen Welt wurde ich ausgezeichnet, sowohl für mein berufliches Streben als auch meinen Beitrag für die Menschheit in den Bereichen Frieden und Menschenrechte sowie der Arbeit mit hilfsbedürftigen Kindern. Doch obwohl dies eine faszinierende Welt war, glaubte ich nie wirklich, dass sie mir zu Frieden und Ruhe verhelfen könne, und so versuchte ich mein Gleichgewicht zu wahren, indem ich täglich daran arbeitete, meinen Geist zu stärken.

Jahre später dann passierte das Unerwartete. In einem Augenblick veränderte sich mein Leben von Grund auf und ich verlor alle materiellen Dinge, die ich mir erarbeitet hatte. Es schien mir in diesem Moment, dass ich gleichzeitig mit dem Geld auch die Menschen verlor, die ich für meine Freunde hielt. Zum ersten Mal in meinem Leben sah ich keinen Ausweg mehr und fühlte mich in einer Falle. Ich hatte das Gefühl, dass Himmel und Erde einstürzten. Ich fühlte plötzlich, wie es war, ohne Geld dazustehen und ohne eine Möglichkeit, aus dieser Situation herauszukommen. Als ich inmitten dieser Verzweiflung und Dunkelheit glaubte, alle Hoffnungen verloren zu haben, weil die Welt mir keine Lösungen bot, entschied ich mich zum ersten Mal, das Licht und die Lösung in meinem Inneren zu suchen. In diesem wunderbaren Augenblick wachte ich aus der Unbewusstheit auf und erkannte, dass alles, was ich bis dahin erlebt hatte, ein Albtraum war, denn alle Dinge, die ich erreicht hatte und für die Quelle meines Glücks hielt, waren in diesem Moment Wurzel und Ursache meines Unglücklichseins und Leidens. Heute danke ich Gott, weil der spirituelle Weg, den ich schon als Kind begann, mir genug Weisheit und Reife für die Entscheidung gab, nach diesem Tiefschlag weiterzumachen. Das war eine großartige Erfahrung für mich, denn von da an nahm mein Leben eine Kehrtwende, und ich befreite mich von allen Fesseln, die mich leiden ließen. So wie ich das Glück hatte, den inneren Reichtum meines Herzens zu entdecken, der mir half zu handeln und weiterzumachen, so ließ sich mein Teilhaber durch den Verlust leider von der Sorge und Angst fortreißen und reagierte auf diese Situation mit einem Selbstmordversuch. In seiner Verzweiflung griff er zur Pistole und schoss sich mit der festen Absicht, sich umzubringen in die Schläfe. Aber aus einem unerfindlichen Grund gelang ihm das nicht: die Kugel durchbohrte sein Auge und er war von da an blind und halbseitig gelähmt.

Wenn die Menschen ihr Glück im Haben und Besitzen suchen, gelangen sie oft in Situationen, in die sie nie kommen wollten: Sie leben beispielsweise mit einem Menschen zusammen, mit dem sie das gar nicht wirklich wollen. Sie machen Arbeiten, die sie hassen; oder sie stehen plötzlich, bedingt durch Drogen und andere Süchte, auf der Straße; oder sie verbringen den Rest des Lebens in einer Zelle, weil sie, getrieben von ihrer Besitzgier und aus Unbewusstheit, Verbrechen begehen, oder sie versuchen in Extremfällen sogar, sich das Leben zu nehmen.

Ich habe auf der ganzen Welt das Leid Tausender von Menschen gesehen, die ihr Leben beenden wollten, als sie einen wirtschaftlichen Zusammenbruch erlitten hatten. Und ich sehe täglich Menschen, die sich aus Angst um ihr Hab und Gut emotional aufreiben und leiden.

Das alles liegt daran, weil man uns von Kindesbeinen an lehrt, dass man materielle Dinge besitzen muss, und uns glauben macht, dass das Glück im Haben, Besitzen und im zur Schaustellen liegt. Deshalb gehen wir leicht in die mentale Falle und erliegen dem Irrtum, dass unser Wert davon abhängt, was wir besitzen und nicht darin liegt, wer wir sind. Wenn du reich geworden bist, wird man sich vielleicht an dich als den reichsten Mann auf dem Friedhof erinnern, aber Tatsache ist, dass du auf deiner Reise in die Ewigkeit nichts von deinem Reichtum, für den du dein Leben geopfert hast, mitnehmen kannst.

Einmal wurde ein großer spiritueller Lehrer, der immerzu predigte, wie wichtig es sei, sich von materiellen Dingen zu lösen, von seinen Schülern auf einen Kunsthandwerksmarkt eingeladen, wo es verschiedenste Importprodukte aus anderen Kontinenten gab. Im ersten Pavillon verbrachte der Meister an jedem Stand dreimal so viel Zeit wie alle anderen. Seine Schüler drehten sich verwundert um, um zu sehen, warum er so lange brauchte. Zu ihrer Überraschung fanden sie ihn völlig versunken und verzückt bei der Betrachtung all der vielen verlockenden Produkte. Weil sie nicht verstanden, was vor sich ging, fragten sie ihn: „Meister, warum habt Ihr so lange gebraucht in diesem luxuriösen Saal, wo Ihr uns doch immer von Spiritualität und Entsagung erzählt?" Der Meister schaute seine Schüler mit einem Lächeln an und sagte: „Geliebte Schüler, ihr habt ja Recht. Ich habe so lange gebraucht, weil ich völlig erstaunt und perplex bin, dass es so viele materielle Dinge gibt, die ich nicht brauche."

Ideologische Anhaftung

Eines schönen Morgens, als ich nach meiner täglichen Morgenmeditation den Berg hinunterging und zu einem Eukalyptuswäldchen gelangte, sah ich etwas, das mich in einen Schockzustand versetzte. Ich konnte nicht glauben, was ich dort sah und wurde von Terror und Panik ergriffen. Es bot sich mir das blutigste und grauenvollste Bild, das ich jemals gesehen hatte.

Auf dem Boden verstreut lagen, erschlagen und blutig, eine große Anzahl ermordeter Straßenkinder. Und ich kannte fast alle von ihnen. Da waren Paisa, Pedrito, Chinche, María, Mocosa, Sandra und andere. Als ich dieses Schreckensbild sah, überkamen mich ein Gefühl und eine unermessliche Kraft, die mich Himmel und Erde in Bewegung setzen ließen, um zu ergründen, was hinter diesem Massaker steckte. So fand ich heraus, was viele schon wussten. Es hatte sich eine Haltung gegenüber dem Straßenkinderproblem entwickelt, die langsam Rückenwind bekommen und immer mehr Menschen in ihren Bann gezogen hatte: „Die einzig richtige Art, mit den Straßenkindern fertigzuwerden, ist, sie umzubringen, denn dann müssen wir sie nicht später resozialisieren, wenn sie zu Kriminellen geworden sind." Das war die Ideologie einer Gruppe skrupelloser Menschen, die voller Verachtung und Rachegefühle waren und deswegen die sogenannten „Todesschwadronen" bildeten. Ihr Ziel war die Säuberung der Stadt von Straßenkindern, die in ihren Augen „Müll" waren.

Vorfälle wie der hier beschriebene passieren aufgrund der Art zu denken und zu fühlen. Wenn wir ein wenig die Menschheitsgeschichte analysieren, sehen wir, dass hinter jedem Krieg und jeder Barbarei auch immer eine ideologische Anhaftung, ein Irrglauben oder ein extremer Fanatismus gestanden haben. Ohne an die unheilvollen Folgen zu denken, riskieren Menschen ihr Leben und das Unschuldiger, weil sie Ideen verfechten – im Namen Gottes, des Weltfriedens, eines Landes, einer Religion, einer politischen Partei, einer Fußballmannschaft oder welcher Sache auch immer.

Beeinflusst von deinem Geburts- und Wohnort klammerst du dich vielleicht genauso an eine Reihe von Ideen, die du nicht loslässt, da du sie für die unumstößliche und die für dich einzig gültige Wahrheit hältst. Und vielleicht leidest du genauso darunter wie deine Mitmenschen.

Die Entscheidung liegt in deiner Hand

Wenn dein Partner dich verlassen hat oder dir untreu war; wenn dein Sohn oder Elternteil gestorben ist; wenn du mit deiner Beziehung nicht zufrieden bist und sie verändern möchtest; wenn du Geld und materielle Dinge verloren hast, die dir wichtig waren und dein Leben ein Chaos geworden ist; wenn du glaubst, nicht glücklich sein zu können, weil du nicht so reich bist wie du es gern wärst; wenn du meinst, dass deine Glaubenssätze oder Ideologien, egal ob politischer, religiöser oder gesellschaftlicher Natur, dir schaden; oder wenn du nur einen Tapetenwechsel brauchst – in welcher Situation auch immer: Die Lösung liegt in deiner Hand. Egal in was für einer Situation du dich befindest, die Lösung ist tatsächlich für jede Situation und für jeden Menschen dieselbe, doch jeder muss seinen eigenen Weg gehen. Und der Moment für drastische Entscheidungen ist jetzt, denn gewiss reiben dich deine Gefühle auf und verhindern, dass du glücklich bist. Je eher du handelst und diesen Zustand von Passivität, Unzufriedenheit, Traurigkeit und Unruhe überwindest, umso besser.

In Indien lebte ein Meister, der sich sein ganzes Leben lang um Weisheit bemühte und sie schließlich auch erlangte. Im gleichen Dorf wie der Meister lebte ein boshafter Junge, der den weisen Mann hereinlegen wollte. Zu diesem Zweck nahm er einen Gegenstand in die Hand, ging zum Weisen, hielt ihm die geschlossene Hand hin und sagte: „Meister, was habe ich in der Hand?" Der Weise antwortete: „Du hast ein rot-weißes Steinchen in der Hand." Beim nächsten Versuch sagte er ihm: „Du hast eine Murmel, einen Stein und eine weiße Kugel in der Hand." Auch bei jedem weiteren Besuch erriet der Meister die Gegenstände in der Hand des Jungen und er antwortete ihm geduldig, sodass der

Junge langsam verzweifelte. Er dachte ununterbrochen nach, bis er glaubte etwas gefunden zu haben, mit dem er es endlich schaffen könnte, den Meister hereinzulegen: „Jetzt hab' ich es! Ich suche einen Baum mit einem Vogelnest, nehme ein junges Vögelchen heraus, gehe zum Meister und frage ihn, was ich in der Hand habe. Er wird sagen, dass es ein Vogel ist. Dann frage ich ihn, ob er lebt oder tot ist. Wenn er sagt, dass er lebt, erdrücke ich ihn. Dann mache ich die Hand auf und sage ihm, dass er sich geirrt hat, weil der Vogel tot ist. Sollte er aber sagen, dass der Vogel tot ist, lasse ich den Vogel fliegen und er sieht, dass er sich geirrt hat." Mit diesem teuflischen Plan war der Junge sehr zufrieden. Er suchte also einen Baum, fand ein Nest mit jungen Vögeln, nahm einen von ihnen heraus, ging damit zum Meister und fragte ihn: „Was habe ich in der Hand?" Der Weise antwortete: „Einen Vogel." Der Junge freute sich, weil sein Plan aufzugehen schien. Da fragte er: „Du bist bekanntlich ein weiser Mann und irrst dich nie. Aber sag mir: ist der Vogel tot oder lebendig?" Der weise Meister antwortete genauso ruhig wie immer: „Lieber Junge, diese Entscheidung liegt in deiner Hand. Du kannst wählen, was du mit dem Vogel machen willst, ob du ihn leben lässt oder ihn tötest."

Die Entscheidung, was du wirklich mit deinem Leben machen willst, liegt in deiner Hand. Du allein hast es in der Hand und kannst wählen und entscheiden, was du für dich machen willst. Wenn du deinen Geist und dein Herz öffnest, kannst du über deine Anhaftungen hinausschauen und verstehen lernen, was die wirkliche Essenz der Liebe ist. Dann wirst du frei und kannst neu geboren werden und nichts und niemand kann dich dann noch leiden lassen.

Das Erwachen: eine ein-fache spirituelle Lösung

Einige Menschen leben, als ob sie nie sterben würden und sterben, als ob sie nie gelebt hätten.

Manche Menschen werden geboren, wachsen auf, überleben und sterben, ohne je zu bemerken, dass sich ihr Bewusstsein ihr ganzes Leben lang in einem Dämmerzustand befand. Manche erkennen erst auf ihrem Sterbebett, dass sie ihr Leben verschwendet haben und dass sie gerne vieles anders gemacht hätten. Dann ist es aber zu spät, dann lässt sich nichts mehr ändern. Andere, vielleicht sogar du, wachen auf und entscheiden sich, etwas gegen diesen Zustand der Unbewusstheit zu unternehmen und das Leben so zu genießen, wie es ist.

Einmal, am Ende eines Vortrags, kam eine Frau zu mir und sagte: „Ich möchte Sie um einen großen Gefallen bitten. Ich möchte, dass Sie mit meinem Vater sprechen, der im Krankenhaus im Sterben liegt. Er hat eine unheilbare Krankheit und hat viel gelitten." Als ich ins Krankenhaus kam, sprach ich mit dem Vater dieser Frau. Er war bekümmert und verwirrt, denn er konnte die Wurzel seines Leidens, seiner Unzufriedenheit und seiner Frustration nicht erkennen. Ich fragte ihn, was er im Leben erreicht hatte und welches die wichtigsten Dinge für ihn waren. Wir redeten und reflektierten eine Weile und er erkannte schließlich unter Tränen, dass er sein ganzes Leben vergeudet hatte, weil er immer versucht hatte, zu haben, zu besitzen, anzuhäufen und dabei ständig um Bestätigung und Anerkennung gerungen hatte. In Wirklichkeit jedoch hatte er ein Leben voller Schmerz, Leid und Angst geführt. Als er schließlich aus seiner geistigen Benommenheit erwachte und etwas ändern wollte, war es zu spät. Trotzdem war er froh, die Dinge vor seinem Tod klar zu sehen. Und indem er seinen Kindern und Enkeln von seinen Fehlern erzählte, hinterließ er ihnen auf seinem Sterbebett ein wunderbares Erbe.

Hast du dich einmal gefragt, ob das, was du als dein Glück betrachtest, nicht vielleicht der Grund für deine Angst, deine Anspannung, deine Frustration und deine Beklemmung sein könnte? Hast du darüber nachgedacht, ob sich die ganze Anspannung, Beklemmung und Angst lohnt, für das, was du möchtest? Ich lade dich ein, eine einfache Übung mit mir zu machen. Schließe die Fenster zu deiner Außenwelt und stelle dir mit geschlossenen Augen das Leben ohne den Menschen vor, den du so sehr liebst. Fühlst du, dass das Leben ohne ihn oder sie keinen Sinn hätte? Dass du ohne diesen Menschen nicht glücklich sein könntest? Was wäre, wenn ich dir sagen würde, dass du es kannst? Wahrscheinlich würdest du mir sagen, ich sei verrückt, wie ich so etwas nur behaupten könne, dass ich derjenige bin, der nicht ganz wach im Kopf ist. Aber ich frage dich noch einmal: Was ziehst du vor? Das Gefühl, dass du glücklich sein kannst, egal ob dieser Mensch an deiner Seite ist oder nicht, oder das Gefühl, dass du ohne ihn nicht glücklich sein kannst?

Denk nun an jemanden, wegen dem du dich in diesem Moment bekümmert, traurig oder verbittert fühlst. Glaubst du, dass der

Kummer, die Traurigkeit und Verbitterung aus dem anderen Menschen kommen? Nein, du irrst dich. Diese negativen Gefühle kommen aus dir, aus deiner Art, andere wahrzunehmen, und das ist es, was dir Schmerzen bereitet. Du willst die Wirklichkeit nicht wahrhaben. Du ziehst es vor, dich selbst zu täuschen, denn dadurch kannst du weiterhin in deiner Unbewusstheit verharren.

Es gibt Menschen, die in diesem Dämmerzustand des Bewusstseins sterben und glauben, sie seien glücklich gewesen, wohingegen ihr Leben doch nur aus Schmerz und Leid bestand und aus der Angst, das zu verlieren, was sie angeblich glücklich machte. Man hat uns gelehrt, dass der natürliche Kreislauf des Lebens darin besteht, zuerst zu besitzen, danach zu handeln und schließlich zu sein – während wir doch in Wahrheit zuerst sein müssen, um danach zu handeln und zuletzt zu haben. Daher müssen wir als Erstes unser Bewusstsein erwecken und aus dem Bewusstseinszustand des Seins heraus handeln. Das lehrt man die Schüler im Osten; während bei uns im Westen eine starke Betonung auf dem unbewussten Zustand des Habens liegt. Extreme können sehr schädlich sein. Ich glaube, dass Fanatismus für eine Lehre, Religion oder Philosophie rücksichtslos das natürliche Recht der Menschen auf Glück zerstört und in vielen Fällen ihre Individualität und Identität verloren geht.

Im Westen ist es normal, dass Menschen ihr Glück auf materielle Dinge bauen, auf den Körperkult oder auf andere Menschen, und sich auf diese Weise ständiges Leiden verursachen. Die Spiritualität kommt hier im Allgemeinen erst an zweiter Stelle. Im Osten dagegen trifft man häufig auf Menschen, die auf der Suche nach der erstrebten Erleuchtung die totale Ablösung von allem Materiellen praktizieren und frei sind von jeglichem Anhaften, besonders dem emotionalen. Manche von ihnen isolieren sich auf ihrer Suche komplett von der materiellen Welt, verlassen ihre Lieben und alles Schöne, das die materielle Welt uns zu bieten hat. Ich glaube, wir leben nur dann ganz und gar, wenn wir das Gleichgewicht finden, und deshalb habe ich die kraftvolle Spiritualität des Ostens mit der Schönheit der materiellen Welt des Westens kombiniert. Um zu erwachen und unseren Zustand von Unbewusstheit zu verlassen, müssen wir ein paar einfache Schritte machen.

Die Früchte, die du aus diesem Prozess ernten wirst, hängen von deiner Hingabe ab und von dem Glauben, der Leidenschaft und der Liebe, die du investierst. Der Prozess ist darauf ausgerichtet, dass du erlebst, wie sich dein Bewusstsein verändert und du seine Entwicklung überdenkst und weiterführst. Du gehst von dem statischen und lähmenden Zustand aus, in dem du dich befindest und wirst erkennen, warum dir das derzeitige Dilemma widerfährt. Das heißt, du wirst bemerken, dass du in einem geistigen Dämmerzustand lebst und vielleicht nicht aufwachen möchtest. Von dort aus setzt ein Prozess des Verstehens ein, der dich dazu befähigt zu beurteilen, wie du dein Leben lebst. Du brauchst dazu einen offenen Geist und den Willen, deine Konditionierungen und Glaubenssysteme zu hinterfragen, sodass du alles verlernen und vergessen kannst, was du bis zu diesem Zeitpunkt für wahr gehalten hast. Schließlich beginnt der Prozess des Loslassens und der Befreiung, in dessen Verlauf du durch die Anwendung von kreativer Visualisierung, Meditation und Dienst am Nächsten einen neuen Weg zu einem höheren Geisteszustand erlernst. Auf diesem letzten Abschnitt findest du die Werkzeuge, die du brauchst, um zu verstehen, zu fließen, anzunehmen, zu würdigen und den so ersehnten inneren Frieden zu erreichen. Während dieses Prozesses solltest du alles analysieren und die Informationen verarbeiten – aber lass dir Zeit und erwarte keine unmittelbaren Ergebnisse. Erlaube den Dingen, natürlich zu fließen. Alles braucht seine Zeit. Wichtig ist, dass du Tag für Tag konsequent und beharrlich weitermachst. Lass dich nicht entmutigen, wenn in einem Moment nicht das erwartete Ergebnis eintritt.

Ein Junge beobachtete aufmerksam einen Kokon und sah, dass drinnen eine winzige Raupe herauszukommen versuchte. Mit der ganzen Liebe, zu der ein Kind fähig ist, öffnete er den Kokon mit seinen kleinen Fingern und ließ die Raupe heraus. Der Junge wusste nicht, dass er mit seiner Hilfe in den natürlichen Entwicklungsprozess der Raupe eingriff und durch das beschleunigte Schlüpfen ihre Flügel keine Zeit hatten sich zu entfalten und sie sich deshalb nicht in einen Schmetterling verwandeln konnte. Wenn der natürliche Wachstumsprozess einer Larve nicht unterbrochen wird, kann sie sich in eine Raupe verwandeln, um schließlich als schöner, bunter Schmetterling zu fliegen. Dasselbe passiert mit uns Menschen. Wir können unser ganzes Leben passiv in einem Zustand von Unbewusstheit verbringen – wir können aber auch unser Bewusstsein erwecken, sodass wir das Leiden beenden und schließlich auf eine höhere Bewusstseinsebene aufsteigen, wo es nur noch reine Liebe und inneren Frieden gibt. Wir alle besitzen den freien Willen, zu entscheiden, was wir sein wollen, wo wir sein wollen und wie weit wir gehen wollen, aber das setzt einen Prozess voraus. Wir müssen bereit sein, jede Phase des Prozesses ganz zu durchleben, um zu dem Zustand des Friedens und der inneren Ruhe zu gelangen.

Wie also können wir lernen, wirklich auf die Stimme des Herzens zu hören? Der wahre Weg zum Erwachen gründet sich ausschließlich auf Spiritualität!

Die Magie der Spiritualität

Liebe existiert nur im Hier und Jetzt und ist die höchste Form der Spiritualität. Sie ist die ewige Gegenwart.

Schon als Kind hatte ich unbewusst nach Spiritualität gesucht und mich viele Jahre kontinuierlich bemüht, sie zu erlangen. Meine Suche führte mich zu zahlreichen Meistern und erleuchteten Wesen in Indien und den Bergen Tibets, wo ich Menschen fand, die mich unterstützten. Mich trieb die Sehnsucht, das Geheimnis ihres inneren Friedens zu finden. Ich wollte wirklich verstehen, was sie so anders machte. Schließlich begriff ich, dass man Spiritualität nicht in einer Kirche findet, in einem Gottesdienst, einer Kutte oder einem abgelegenen Kloster im Himalaya. Ich verstand, dass sie nicht im Außen ist, sondern in meinem Inneren. Ich habe erkannt, dass Spiritualität kein Ziel ist. Sie ist in jedem Schritt, den ich bewusst auf meinem Weg gehe, wobei ich mich von Dingen, die auf mich zukommen, nicht aus der Ruhe bringen lasse, sondern sie annehme und mich an dem freue, was das Leben für mich bereithält, egal was es ist. Ich erkannte, dass wahre Freude – das ist für mich ein höherer Bewusstseinszustand, der über Vergnügen hinausgeht und den Schmerz überwindet – in meinem Herzen ist, wenn ich aus meinem spirituellen Geist heraus lebe und nicht aus meiner leiblichen Form, also aus der Materie. Wenn ich mich von der Form löse und in meinen spirituellen Geist eintrete, bin ich in einem Zustand von Inspiration. Dann erhebt sich mein Geist und in diesem Moment gibt es nichts auf der Welt, das mich stören könnte.

Wahre Spiritualität liegt also darin, dass uns nichts und niemand und kein Ereignis aus der Ruhe bringen kann. Und wenn uns in irgendeiner Situation aus irgendeinem Grund doch etwas stört, gibt uns Spiritualität die Kraft, bewusst zu wählen und das loszulassen, was uns Schmerz bereitet.

Spiritualität erlaubt dir, sowohl deine Stärken als auch deine Schwächen zu betrachten und gibt dir die Weisheit, deine Begrenzungen anzunehmen und deine Stärken besser zu nutzen.

Ein indischer Wasserträger besaß zwei große Krüge, die an einer Stange hingen, die er auf seinen Schultern balancierte. Einer der Krüge hatte einen Riss, während der andere makellos war. Dieser blieb auf nach dem langen Weg vom Fluss bis zum Haus seines Herrn stets bis obenhin voll. Der defekte Krug hingegen war immer halb leer. Zwei Jahre lang wiederholte sich dies jeden Tag. Der makellose Krug war stolz auf sein Verdienst, denn er erfüllte seine Aufgabe. Der beschädigte Krug hingegen schämte sich für seinen Makel und fühlte sich sehr schlecht, weil er seinen Auftrag nur halb erfüllen konnte. Nach zwei Jahren sagte er deshalb zum Wasserträger: „Ich schäme mich so und möchte mich bei dir entschuldigen." „Warum?", fragte der Wasserträger. „Weil ich einen Riss habe, kannst du nur die Hälfte abliefern und bekommst nur die halbe Bezahlung."

Der Kummer des Kruges erregte das Mitgefühl des Wasserträgers und er sagte zu ihm: „Wenn wir jetzt zum Haus meines Herrn zurückgehen, möchte ich, dass du dir die Blumen am Wegesrand anschaust." Der Krug sah viele wunderschöne Blumen, aber er war weiterhin betrübt, denn schließlich kam er ja wieder nur mit der halben Wasserladung an. Der Wasserträger aber fragte ihn: „Hast du gesehen, dass die Blumen nur auf deiner Seite wachsen? Ich wusste immer um deinen Riss und habe ihn zum Vorteil genutzt. Ich habe Samen entlang des Weges ausgestreut, und jeden Tag hast du sie gewässert. Zwei Jahre lang habe ich die schönsten Blumen pflücken können und damit den Altar meines Herrn geschmückt."

Der heilige Franz von Assisi schrieb diese wunderschönen Worte: „Herr, gib mir die Gelassenheit, das Unabänderliche zu ertragen, den Mut, die Dinge zu ändern, die ich ändern kann, und die Weisheit, zwischen diesen beiden Dingen die rechte Unterscheidung zu treffen."

Um Spiritualität und die Beziehung zwischen Körper, mentalem Geist und spirituellem Geist wirklich zu begreifen, musst du zuerst das einfache Grundkonzept von Energie und Materie verstehen, die dich ausmachen.

Verschiedene Energiefelder umgeben dein Leben. Sie manifestieren sich in deinem physischen Körper, im mentalen Feld und im Bewusstsein durch die Gefühle. In jedem dieser Felder schwingst du in unterschiedlicher Energie. Wenn die Energien, denen du ausgesetzt bist, von grober, niedriger Qualität sind, dann hast du negative Emotionen (Wut, Groll, Eifersucht, Neid, Manipulation, Angst, Frustration, Schuld etc.), das heißt, du schwingst in einer sehr niedrigen Frequenz. Diese Schwingung kann leicht zu Unruhe und zu Depression führen und zu einem Gefühl von innerer Leere, die durch nichts und niemanden gefüllt werden kann. Wenn andererseits die Energien, die dich umgeben und durchfließen, von feinerer Qualität – also höherwertiger – sind, dann sind deine Emotionen positiv, das heißt, du schwingst in einer höheren Frequenz, einer Frequenz, die dich von der Welt der Form und der Materie befreit und du wahre Liebe und den ersehnten inneren Frieden finden kannst.

Damit wir inneren Frieden und völlige Harmonie erlangen können, muss zwischen Körper, mentalem Geist und spirituellem Geist, die sich in den verschiedenen Energiefeldern bewegen, das Gleichgewicht stimmen.

Unser Körper besteht aus dem physischen Leib und aus Energie. Der physische Leib ist wie wir uns selbst sehen, wie wir von Geburt an genetisch definiert sind. Viele von uns beschäftigen sich sehr mit dem Körper, der sportliche Betätigung, gesundes Essen und eine gute Pflege braucht. Körperliche Probleme sind leicht zu identifizieren, denn Symptome manifestieren sich unmittelbar als Krankheit, Schmerz oder Antriebsschwäche. Es ist leicht, den Körper zu trainieren und man kann die Ergebnisse sehen. Dies ist etwas Greifbares, etwas, das du nicht nur sehen, sondern auch fühlen kannst. Dein Körper ist aber auch das Fahrzeug, das dich zu höheren Geisteszuständen führen kann, wenn sich dein Geist und dein Herz verbinden.

Die Energie ist der Antriebsmotor und steht in direkter Verbindung mit unseren Emotionen. Wenn ich beispielsweise niedergeschlagen bin, ist wenig Energie vorhanden oder die Zirkulation in den Basalganglien im Großhirn reduziert. Diese Energie hat mit dem physischen Feld zu tun, denn beide teilen sich den gleichen Raum. Wenn es deinem physischen Leib gut geht, wird es wahrscheinlich auch deinem Energiekörper gut gehen und umgekehrt.

Alle deine Emotionen werden vom mentalen Geist gelenkt. Der mentale Geist ernährt sich von Gedanken, sowohl positiven als auch negativen. Wenn du positive Gedanken hast und kultivierst, entsteht ein Wohlgefühl. Wenn du dagegen negative Gefühle hast und diese dein Leben bestimmen, bringen sie Unbehagen hervor, und das wirst du damit auch weiterhin anziehen.

Über dem mentalen Geist steht der Intellekt, mit dessen Hilfe du die mentalen Prozesse, die du durchläufst, in Begriffe fasst, rationalisierst und erkennst.

Wir können nicht glauben und wollen noch viel weniger akzeptieren, dass das Ego über allen genannten Feldern steht. Das Ego ist der Kontrolleur dieser Felder. Ein großes Problem ist, dass das Ego durch die Programmierungen, die es in der Kindheit und Jugend im familiaren, schulischen und sozialen Umfeld erfahren hat, vergiftet ist. Aufgrund der hier angeeigneten Glaubenssätze sucht es fortwährend nach Anerkennung, Bestätigung und Bewunderung. Es manipuliert oder kontrolliert, um zu erreichen, was es möchte, und zwingt uns, Dinge zu tun, die wir gar nicht wollen, selbst wenn unser Verstand uns sagt, dass dies uns schadet.

Die meisten Menschen leben ihr Leben auf die oben beschriebene Weise, das heißt, sie überleben, anstatt ihr Leben wirklich zu genießen. Sie erkennen oder wissen nicht einmal, dass es ein anderes Feld gibt, von dem aus sie ihre Probleme lösen könnten.

Ich möchte, dass du heute verstehen lernst, dass es eine einfache spirituelle Lösung für jedes deiner Probleme gibt. Du musst dazu auf eine Bewusstseinsebene gehen, die höher ist als dein Körper, dein mentaler Geist, dein Verstand und dein Ego. Indem du dies erkennst, machst du den ersten Schritt zum Erwachen.

Das ist die Ebene des reinen Bewusstseins. Damit du zu dieser Ebene Zugang haben kannst, musst du dich von den Ängsten befreien, die in der Welt der Form, der Materie geschaffen wurden, die schwer auf uns lasten und uns in einer niedrigen Frequenz schwingen lassen. Es sind niedrige Energiefelder, die dich gefangen halten. Wenn du dich von ihnen befreist und in das Feld des spirituellen Geistes eintrittst, wirst du inspiriert sein, dann wirst du eine andere Luft um dich herum spüren und du bist in deiner reinen Essenz, der Liebe. Wie ein Lichtstrahl die Dunkelheit vertreibt, so vertreibt Liebe die Angst.

Kreative Visualisierungen und Meditation sind die Werkzeuge, die dich bei deiner Entwicklung auf dieser Ebene leiten. Was aber wirklich dein Potenzial vergrößert und dir hilft, dich in diesem unendlichen und nicht greifbaren Feld zu entfalten und über dich selbst hinauszuwachsen, ist der liebende Dienst am Nächsten und an allem, was dich umgibt – ohne dafür eine Gegenleistung zu erwarten. Wenn es dir gelingt, bis zu diesem Stadium vorzudringen, trittst du in den höchsten Zustand des universellen Bewusstseins, die wahre Liebe, ein.

Damit dir diese Vorstellung klarer wird, möchte ich dir einige Erläuterungen geben:

Wir können das Leben von drei Standpunkten aus wahrnehmen:

• **Erster Standpunkt: Ich bin völlig involviert.** Ich erlebe und fühle das jeweilige Ereignis mit allen meinen Sinnen. Ein Beispiel: Die Person, die mich glücklich machte, hat mich verlassen oder ich habe verloren was mir Freude und Sicherheit gab. Weil ich so involviert bin, leide ich durch den Schmerz, den mir der Verlust bereitet.

• **Zweiter Standpunkt: Ich bin ein unbeteiligter Zeuge.** Ich schließe meine Augen und spalte mich ab von dem Ereignis, das mir widerfährt. Ich schaue zu, als ob ich ein von mir verschiedener Beobachter wäre. Ich kann sehen, wie diese Person (ich selbst) unter dem Verlust leidet. Ich bin ein passiver Beobachter, fühle mich körperlich nicht mit dem Ereignis verbunden, aber ich kann den Schmerz wahrnehmen, als ob er jemand anderem widerführe. Von diesem Standpunkt aus kann ich mich entscheiden, mich mit der negativen Emotion zu identifizieren und sie auf diese Weise zu verstärken, oder aber ich kann sie bewusst loslassen, sodass sie mich nicht beeinträchtigt.

• **Dritter Standpunkt: Ich bin ein bewusster und mitfühlender Beobachter.** Dies ist ein höherer Standpunkt. Von ihm aus betrachte ich die Ereignisse mit anderen Augen, mit den Augen Gottes. Von diesem Standpunkt aus kann ich das Ereignis so sehen, wie es ist, und nicht so, wie ich es mir vorstellte oder wie ich es gerne gehabt hätte. In diesem Augenblick habe ich die Wahl und kann die richtige Entscheidung treffen, um mich von meinem

Leid zu befreien. Wenn die Entscheidung einmal getroffen ist, lasse ich die Dinge fließen. Ich lasse nicht zu, dass mein Ego Widerstand leistet, denn wenn ich mich widersetze, bleibt all das, was ich nicht im Fluss aufgehen lassen will, nur um so länger bestehen und schwächt mich.

Du wirst den Zustand des universellen Bewusstseins erleben, wenn du dein Leben wirklich von diesem dritten Standpunkt aus lebst, wenn du die Wirklichkeit so siehst, wie sie ist, sie annimmst und genießt, und wenn du ständig im Fluss bleibst, indem du die kleinen Dinge des Lebens zu schätzen weißt. In diesem Zustand gibt es kein Leid, keine Unruhe, keinen Schmerz. Es gibt nur die Liebe im Hier und Jetzt. Das ist Spiritualität in ihrer höchsten Ausdrucksform. Es ist ewige Gegenwart.

Ein König setzte einen großen Preis für denjenigen aus, der in der Lage ist, den vollkommen Frieden bildlich darzustellen. Der König betrachtete und bewunderte alle Gemälde, aber es gab nur zwei, die ihm wirklich gefielen, und zwischen denen er sich entscheiden musste: Das erste stellte einen stillen See mit ganz glatter Oberfläche dar. Er glich einem makellosen Spiegel, der die Ruhe der Berge ringsherum widerspiegelte. Über ihnen lag ein tiefblauer Himmel mit zarten, schneeweißen Wölkchen. Alle, die das Bild sahen, fanden, dass es den vollkommenen Frieden darstellte.

Auch auf dem zweiten Gemälde waren Berge abgebildet, aber sie waren schroff. Und über ihnen tobte der Himmel mit Regen, Blitz und Donner. Ein schäumender Wasserfall stürzte den Berg hinunter. Auf diesem Gemälde schien nichts friedlich zu sein. Doch als der König das Bild näher betrachtete, entdeckte er hinter dem Wasserfall in einer Felsspalte einen kleinen zierlichen Strauch.

Auf einem seiner Zweige befand sich ein Vogelnest. Dort, inmitten des tosend herstürzenden Wassers, ruhte friedlich ein Vogel in seinem Nest ... Der vollkommene Frieden.

Der König wählte das zweite Gemälde und sagte: „Frieden bedeutet nicht, an einem Ort ohne Lärm, ohne Probleme, ohne harte Arbeit und Schmerz zu sein. Frieden bedeutet, dass wir trotz aller Widrigkeiten die Ruhe in unserem Herzen bewahren können. Das ist die wahre Bedeutung von Frieden."

Die Spiritualität ist in dir, und wenn du auf ihren Weg gelangst, wirst du feststellen, dass alle von deinem unbewussten Geist geschaffenen Probleme sich in einem Augenblick auflösen. Deshalb halte ich die Spiritualität für die einfachste Lösung und diejenige, die dich zu innerem Frieden führen wird.

Betrachte das folgende Beispiel einer Person, die unbewusst ist und leidet, weil sie alles von einem materiellen Standpunkt aus sieht, und nicht sieht, dass die einzige Lösung darin besteht, auf eine höhere Bewusstseinsebene zu gehen. Menschen mit Anhaftungen befinden sich in diesem Zustand von Unbewusstheit und versuchen verzweifelt, ihr Leben zu leben.

Eine Frau ist hingerissen von einem Mann, der ihr emotionale und materielle Freiheit zu bieten scheint, Frieden und Glück. Nachdem er sie umworben hat, heiraten die beiden, und kurze Zeit später wird ihr klar, dass alles nur eine Illusion war. Tatsächlich wird daraus ein Albtraum, denn der Mann verachtet und beleidigt sie und behandelt sie wie ein Insekt. Dann sagt er ihr, dass er Zeit für sich allein braucht, weil er durch eine Veränderungsphase geht, und bittet sie um Abstand.

Was passiert in diesem Moment? Der Geist der Frau produziert tausende negativer Gedanken, die hauptsächlich mit Angst, Kummer, Wut und Verzweiflung zu tun haben. Sie hat Angst, die Illusion aufzugeben, die ihr Geist erschaffen hat, Angst, ihre Bequemlichkeit und die emotionale und materielle Stabilität zu verlieren, Angst vor dem Alleinsein und vor dem Gerede der Leute, wenn sie herausfinden, dass ihre Ehe nicht funktioniert hat.

Ihr Verstand weiß, dass der Mann nicht ihr Traumprinz war. Von Anfang an hat sie ihn in verschiedenen Situationen beobachten können, aber ihr Ego hat ihr etwas vorgegaukelt und sie dazu gebracht, ihren Fehlgriff zu ignorieren. Deshalb sucht sie nach Vorzügen an ihm – und seien sie auch noch so klein – und vergrößert sie, um ihn bewundern zu können. Kurz gesagt: Sie ist kurzsichtig geworden. Sie bauscht seine kleinen Stärken auf und sieht dabei nicht seine großen Mängel. Sie will sie gar nicht sehen. Sie ist in einem Dämmerzustand, einem Zustand von Unbewusstheit, und überlässt dem Ego die Kontrolle über ihr Leben. Sie geht durch das Leben, als hätte sie den Autopiloten eingeschaltet, unbewusst, voller Kummer und Schmerz und glaubt, dass alles so sein soll und dass dies ihr Schicksal ist.

Bei der Sucht nach Liebe kann die Selbsttäuschung verschiedene Formen annehmen, von den mildesten bis hin zu den gewalttätigsten. Dabei ist das einzige Ziel, die Person, die wir vorgeben zu lieben, an uns zu fesseln, zu verbiegen, zu manipulieren. In diesem Zustand ist unser Verstand umnebelt, wir idealisieren und verteidigen diese Person, wir spielen ihre Schwächen herunter und bauschen ihre Stärken auf, wir erfinden Lügen und glauben sie sogar. Ohne es zu bemerken bauen wir Luftschlösser, Traumwelten mit falschen Paradiesen, wo alles nur eine Illusion ist und wir die

blanke Wirklichkeit nicht sehen wollen. Würde sie sich entschlie-
ßen, aus ihrem Zustand der Unbewusstheit zu erwachen und die
Dinge vom dritten Standpunkt aus zu betrachten (bewusst und
scharfsichtig), würde sich der Schmerz sofort auflösen, denn sie
könnte ab sofort die Dinge so sehen, wie sie sind, und nicht so,
wie sie es will. Wenn sie dann versteht, dass die Beziehung auf
Angst gegründet ist, kann sie das Gespenst der Angst konfrontieren und es würde von selbst verschwinden.

Fliegen mit geliehenen Flügeln

Das Problem liegt darin, dass wir glauben wach zu sein, während wir uns in Wahrheit in einem geistigen Dämmerzustand befinden und in Unbewusstheit gefangen sind.

Die folgenden Minuten können vielleicht die wichtigsten deines Lebens sein. Was du im Jetzt lesen wirst, ist so simpel, dass du es schon gesehen und gehört haben magst, aber möglicherweise hattest du es noch nie so richtig verstanden, weiterverfolgt und bewusst verarbeitet. Wie lange du brauchen wirst, um es zu verstehen und anzuwenden? Das hängt allein von dir ab. Ich gebe dir hier das Werkzeug, aber es kann eine Minute dauern, einen Tag, ein Jahr, viele Jahre, oder vielleicht wirst du es auch nie verstehen.

Als Erstes musst du deinen Geist und dein Herz öffnen, um wirklich hören zu können. Das ist nicht so einfach, wie es scheint. Manchmal ist deine Fähigkeit, zu hören durch falsche Glaubenssätze, vorgefertigte Meinungen oder Vorurteile beeinträchtigt. Zuhören bedeutet nicht, alles einfach zu glauben. Hinterfrage und reflektiere, was ich dir sage, aber nimm keine abwehrende Haltung ein. Entspann dich, um es wirklich in dein Herz zu lassen und geistig zu verarbeiten. Filtere für dich bewusst das heraus, was du für dich in deinem täglichen Leben anwenden kannst.

Du musst nicht einer Meinung mit mir sein, aber du kannst verstehen, wenn du wachsam bist und ohne Angst, Vorurteile und Einschränkungen hinschaust.

Hattest du schon einmal einen Albtraum, in dem dich etwas verfolgte, das dir Angst machte? Du versuchst zu fliehen, aber je mehr du läufst, umso weniger kommst du voran, bis du endlich aufwachst und erleichtert feststellst, dass du nur geträumt hast. Wahrscheinlich hast du diesen Traum so intensiv erlebt, dass beim Aufwachen die Erinnerung in deinem Herzen und deinem Geist noch ganz präsent ist.

„Was für ein Albtraum!" ist das Erste, was dir in den Sinn kommt, wenn du erwachst. Das schreckliche Gefühl des Traumes bleibt noch einige Minuten bestehen, und es geht dir erst besser, wenn du ganz wach bist und dir klar wird, dass du nur geträumt hast. Genauso ist es, wenn du mit geliehenen Flügeln fliegst: Deine vorgefertigten Ideen, Glaubenssätze, Illusionen und Erwartungen verursachen dir Leid wie in dem Traum. Du schläfst und kannst nicht fliegen, weil es fremde Flügel sind, die dir nicht gehören. Das ist das Zeichen für dich, dass du aufwachen und deine Überzeugungen durch solche ersetzen musst, die dir inneren Frieden schenken. Um diese entscheidende Hürde zu nehmen, musst du zunächst verstehen, dass das Glaubenssystem, das man dir vermittelt hat, nicht stimmt und unpassend ist, weil es dir Schmerzen bereitet.

In unserer Kindheit versuchten wir auf jede mögliche Art, anderen zu gefallen, die zum großen Teil mit sich selbst nicht glücklich waren. Wir investierten all unsere emotionale Energie in das Bestreben, von ihnen akzeptiert zu werden. Wenn wir ein

Kind beobachten, das noch nicht von Glaubenssätzen infiziert ist, stellen wir fest, dass die Liebe in ihm noch frei, natürlich und spontan fließt und seine Fähigkeit zu staunen, zu genießen und sich zu freuen bewundernswert ist. Diese reine Liebe bleibt so lange bestehen, bis seine Eltern und Bezugspersonen, die selbst in Angst erzogen wurden – auch wenn ihnen dies nicht bewusst ist und sie es mit Liebe verwechseln –, anfangen, es auf die gleiche Weise zu erziehen.

Viele Jahre lang beschneiden Eltern die Freiheit ihres Kindes, respektieren es nicht, schenken ihm keine Aufmerksamkeit, vergleichen es ständig mit anderen, erschrecken und verängstigen es, sodass es sich schuldig, abhängig und unsicher fühlt. Die Eltern wollen, dass das Kind ihrer Vorstellung entspricht, egal, ob es seine wahre Wesensessenz verliert, das heißt, die Fähigkeit, zu lieben, zu staunen und frei, spontan und natürlich mit dem Leben zu fließen.

Seine Eltern tun dies im Namen der Liebe, auch wenn sie selbst zum großen Teil niemals Liebe erfahren haben und der Liebe nie erlaubt haben, ungehindert durch ihr Leben zu fließen. Sie kennen Besitzanspruch, Eifersucht, Herrschaft, Gewalt, Unterwürfigkeit – aber keine Liebe. Sie sagen und glauben fest, dass sie ihr Kind lieben, aber in Wahrheit flößen sie ihm Angst und Unsicherheit ein, die von einer Generation an die nächste weitergegeben werden. Nach und nach bringen sie dem Kind bei jemand anderes zu sein, so zu sein wie die anderen, und das Kind hat keine Wahl, als sich zu verstellen und zu heucheln. Mit den Jahren wird dies zu einer unbewussten Gewohnheit. Wenn es dann gefragt wird: „Warum bist du traurig? Was ist los mit dir, warum lachst du nicht mehr wie früher?" Was für eine Paradoxie! Wenn du einen Zitronenbaum pflanzt, wie willst du dann Orangen ernten?

Das Einzige, was gewiss passiert, ist, dass das Kind die subtile Kunst der Manipulation lernt, um anderen zu gefallen. Es wird berechnend, kalt und starr. Seine wahre Natur, die Liebe, verkümmert und schläft ein. Die Furcht hält Einzug in sein Leben.

Daher frage ich: Wie wurden wir erzogen und wie erziehen wir unsere Kinder? Wir lernen, dass Erfolg auf Etikette basiert, auf „guten Manieren" und auf der vermeintlichen Kultur, die die Maske sozialer Heuchelei trägt und nur nach Macht, Anerkennung und Prestige strebt. Wo bleibt da die Essenz des Menschseins?

Erfolg, Leistungen und materielle Dinge erzeugen flüchtige Emotionen, die uns zufrieden stellen und euphorisch machen. Wir laden unsere Freunde ein, damit sie unser neues Haus oder das neue Auto sehen, und wir freuen uns, wenn wir neue Kleidung tragen. Aber Luxus, Komfort und Reichtum sind nicht Bestandteile des Glücks. Sie erzeugen ein Wohlgefühl, das sich früher oder später in Leid verwandelt, dann, wenn wir Angst bekommen, diese Dinge zu verlieren. Das ist bedingtes Glück.

In dieser Welt der Form lehrt man dich alles Mögliche – nur eins nicht: du selbst zu sein, dich selbst zu kennen und deine Liebe frei und in Freude zu teilen. Also zwingt man dich zu sein, was du nicht willst, oder mit jemandem zusammenzubleiben, den du nicht liebst. Du opferst dein Glück, um deine Bequemlichkeit nicht zu verlieren, um nicht zu leiden und nicht allein zu sein. Genau aber dort findest du die Wurzel deines Leidens. Es ist deine Unbewusstheit. Wenn dich niemand und nichts zufriedenstellen kann, leidest du, denn du dämmerst im Zustand der Unbewusstheit vor dich hin. Man hat dir gesagt, dass Liebe Abhängigkeit, Besitz, Manipulation, Eifersucht, Urteil, Forderungen und Dominanz bedeutet; dass du, um zu lieben, auf ewig an eine Person gefesselt bist, und nicht glücklich sein kannst, wenn du nicht die ganze Zeit mit ihr zusammen bist.

Aufgrund dieser Programmierung hast du jahrelang geglaubt, dass die Person, die dich verletzte, dein Glück ausmachte. Deshalb fühlst du heute, da du die Person nicht mehr hast, unendliche Angst in jeder Zelle deines Körpers, fühlst Erinnerungen in deiner Seele pochen, fühlst dich, als ob du ertrinken würdest und möchtest am liebsten die Zeit zurückdrehen, um die vergangenen „guten" Momente zurückzuholen. Wenn das nicht passiert, weigerst du dich, die harte Wirklichkeit anzunehmen. Allein der Gedanke, dass dieser Mensch nicht mehr bei dir ist, tut dir so weh, als wäre dein Leben vorbei. Du kannst einzig und allein daran denken, diese Person zu besitzen und willst sie nicht frei geben. Deshalb ist es wichtig, dass du aufwachst und verstehst und zu deiner wahren Wesensessenz zurückfindest.

Cristina, eine Frau wie so viele andere auf der Welt und begnadet mit großen Begabungen, Stärken und Möglichkeiten, hatte es geschafft, ihre Träume zu verwirklichen: Sie hatte geheiratet, Kinder bekommen und war leitende Angestellte in einer sehr bedeutenden Firma. Eines Tages entdeckte sie, dass ihr Mann sie mit ihrer besten Freundin betrog. In dem Moment änderte sich ihr so perfektes Leben. Sie verlor ihren Lebensmut, schloss sich zu Hause ein, wollte mit niemandem sprechen und weinte die ganze Zeit. Die Depression und ihre Ängste ließen sie Entscheidungen treffen, die sie sich nie hätte vorstellen können. Verzweifelt und blind vor Kummer dachte sie viele Male an Selbstmord. An einem Morgen im März fuhr sie zum Supermarkt, entschlossen Gift zu kaufen, um ihr Vorhaben auszuführen. Als sie aus dem Geschäft kam, hielt sie kurz vor einem Fernseher, auf dem das Programm „Muy Buenos Días" lief und hörte mich Folgendes sagen: „An dem Tag, an dem du dein Glück von einem anderen Menschen abhängig machst, wirst du zu einem wandelnden Sarg, denn dein Glück liegt nicht mehr in deinen Händen."

In diesem Moment erstarrte sie vor dem Fernseher. Die Worte hallten in ihrem Herzen wider, denn sie beschrieben genau das, was sie fühlte, als sie von dem Seitensprung erfuhr. Das war der Beginn ihres Erwachens aus der Unbewusstheit. Cristina suchte mich auf, um mir von ihrer Erfahrung zu berichten und mir zu sagen, dass ein Wort im richtigen Moment ausgereicht hatte, damit sie all das hinter sich ließ, was sie zuvor so sehr gequält hatte. Als sie ihren Geist öffnete, begann Cristina das Leben und alles damit Verbundene innig zu lieben.

Wenn du heute leidest, hast du, ähnlich wie Cristina, die Wahl – du kannst erwachen oder weiter vor dich hin dämmern. Es hängt einzig und allein von dir ab. Ich möchte nur, dass du verstehst, dass die Menschen oft nicht erwachen wollen. Sie leiden lieber weiter, weil sie meinen, dass das zum Leben gehört. Sie haben aus der Liebe ein Opfer gemacht und sind zu ihren Sklaven geworden.

Wie kannst du feststellen, ob du unbewusst vor dich hin dämmerst? Ich möchte dir eine Frage stellen: Bist du in deinem Leben jemals wirklich glücklich gewesen? Schau zurück, nimm dein Leben unter die Lupe, beurteile dich selbst und analysiere, was sich in all den Jahren ereignet hat.

Wenn du dich in deine Kindheit zurückversetzt: Kannst du ehrlich sagen, dass du wirklich glücklich warst? Tat es dir weh, wenn dein Vater oder deine Mutter dich kritisierten oder dir keine Anerkennung schenkten? Oder wenn deine Klassenkameraden sich über dich lustig machten und du nicht akzeptiert wurdest? Führte dein Verständnis von Glück und Liebe letztlich zu Groll und Wut, weil sich dein Herz verkrampfte und du Magenschmerzen bekamst? Hast du dich schon einmal leer und einsam gefühlt, weil deine Freunde oder Bekannten dich nicht zu bestimmten Anlässen eingeladen haben? Bereitet dir das, was du erreicht hast und heute besitzt Sorgen, Kummer, Angst, Stress oder Verzweiflung? Ärgerst du dich ständig über das, was in deinem Leben passiert? Leidest du oft und denkst, das ist normal im Leben? Gibt es Ereignisse, die dir deinen Frieden rauben?

Dann schau dich genau an und belüg dich nicht. Wenn du eine dieser Fragen bejaht hast, bist du nicht wirklich glücklich, dann lebst du ein falsches Glück und dämmerst vor dich hin wie die meisten Menschen, aber du merkst und weißt es nicht. Du glaubst, dass du so lebst, wie es sich gehört und dass Leid ein natürlicher Bestandteil des Lebens ist.

Ein Meister hatte mehrere Schüler, von denen einer meinte, schon alles über Selbsterfahrung und Meditation zu wissen. Er versuchte die Aufmerksamkeit der anderen Schüler auf sich zu ziehen, indem er ihnen demonstrierte, dass sie längst nicht so viel wussten wie er. Einmal näherte sich der Meister dem Tisch und goss dem Schüler eine Tasse Tee ein, wobei er ihm fest in die Augen sah. Der Schüler war stolz, dass der Meister ihn erwählt hatte. Die Tasse war schnell voll und begann überzulaufen. Der Schüler nahm instinktiv die Tasse weg, als er sah, dass der Meister nicht aufhörte, Tee nachzugießen, obwohl er doch sah, dass die Tasse schon voll war. Der Meister machte immer weiter, ruhig und gelassen und der Tee ergoss sich über die Untertasse, die Tischdecke und sogar auf die Kleidung des Schülers. Der erhob sich erstaunt und fragte den Meister: „Meister, bemerkt Ihr nicht, was Ihr da tut? Wie könnt Ihr uns von Bewusstsein erzählen?" Der Meister antwortete ihm lächelnd: „Mein lieber Schüler, dein Geist ist so wie diese Tasse Tee. Wenn du ihn nicht befreist von allen Vorurteilen, Konditionierungen, Glaubenssätzen, Anhaftungen und von jeder Spur des Egos, wird alles, was ich dir gebe zu nichts nützen. Es wird überlaufen und seinen Zweck verfehlen. Deshalb musst du heute aus dem Zustand der Unbewusstheit erwachen, deinen Geist öffnen, und ihn entleeren von den vorgefertigten Ideen, mit denen du dein Leben verbracht hast und mit denen du hierhergekommen bist. Nur dann kannst du meine Unterweisungen erhalten und findest die Weisheit, die du brauchst, um eine wahrhaftige Transformation zu vollziehen und dich aus den Klauen des Egos zu befreien."

Möglicherweise bist du zum Teil nicht einverstanden mit dem, was ich dir beizubringen versuche und mit den Ratschlägen, die ich dir gebe, weil es dein Geist gewöhnt ist, auf eine bestimmte und sehr enge Weise zu denken. Versuch ihn zu öffnen, um die Werkzeuge, die ich dir gebe, maximal zu nutzen, damit du dich weiterentwickelst und eine wirkliche Veränderung in deinem Leben erreichst.

Mit den eigenen Flügeln in eine neue Dimension der Freiheit fliegen

Freiheit ist das Ergebnis von Selbsterkenntnis und Selbsteinschätzung. Je mehr du dich kennst, umso weniger wirst du Opfer von Anhaftung und Leid.

U m zu erwachen, müssen wir unser Leben unter die Lupe nehmen und die Ideen, Glaubenssätze, Ängste und die Art zu
denken und zu fühlen erkennen, die unsere Gegenwart bestimmen.

Einer der Hauptgründe für die meisten unserer Probleme ist Unwissenheit, die immer einhergeht mit ihrem größten Freund, dem
Starrsinn. Wir hören Menschen oft sagen: „So bin ich eben. So
wurde ich geboren und so werde ich auch sterben; ich kann mich
nicht ändern." Viele von uns glauben, dass sie sich in- und aus-
wendig kennen, und wenn sie Probleme haben, geben sie entweder
den Umständen oder anderen Menschen die Schuld. Du musst
dich kennenlernen, damit du frei bist in deinen Entscheidungen
und Handlungen und die Zügel für dein Leben in der Hand
hältst, anstatt nur instinktiv zu reagieren.

Um dich kennenzulernen, musst du zunächst akzeptieren, dass
dein Geist die Macht hat, dich von jeglicher Art der Anhaftung
zu befreien, wenn du ihn erst einmal verstehst. Sonst kann er zu

deinem Gefängnis werden, dich der Freiheit berauben und in emotionaler Abhängigkeit und unvorstellbarem Leid gefangen halten.

Halte inne, wenn Chaos und Verwirrung entstehen. Beobachte und analysiere, was passiert, und du wirst sehen, wie sich die Tür zu deinem inneren Wissen öffnet. Dies wird dich von der Unwissenheit wegführen, hin zur Weisheit.

Jeder Mensch ist einzigartig, unvergleichlich und nicht kopierbar. Deshalb kann ich dir kein Rezept für Glück geben, wohl aber Werkzeuge, die dir helfen, dich einzuschätzen und besser kennenzulernen und untersuchen zu können, was für Glaubenssätze und vorfabrizierte Vorstellungen deine Gedanken, Gefühle und Emotionen beeinflussen und dir den Frieden rauben. Du allein hast die Macht über deinen Geist. Deine Gelassenheit hängt zum großen Teil davon ab, wie du deinen Geist nutzt.

Sobald du dich daran gewöhnt hast, täglich deine Gedanken zu beobachten, wenn du mit dir selbst und anderen sprichst und wenn du auf unerwartete und schmerzliche äußere Ereignisse reagierst, wird dir bewusst, was in deinem Geist passiert. Dies bedeutet, dass du ein ständiger Zeuge jeder einzigen Handlung wirst. Wenn du beginnst, absichtlich und bewusst zu denken, werden sich deine Gefühle und Emotionen augenblicklich wandeln.

Um diesen Prozess einzuleiten, musst du verstehen, welche Beziehung zwischen deinem Geist und deinen Glaubenssätzen, Ängsten, Gedanken, Gefühlen und Emotionen besteht. Dieser Prozess läuft völlig individuell als Erfahrung ab. Die Lektüre dieses Buches allein wird dir nicht aus deiner Situation verhelfen. Es ist unumgänglich, dass du die empfohlenen Übungen machst und mit Zuversicht, Leidenschaft, Liebe und Beständigkeit diese innere Arbeit vollziehst, die dich für immer von den Ketten, die dich fesseln und dein Glück behindern, befreit. Dein Geist muss ganz offen und flexibel und bereit für Neues sein – wie in deiner Kindheit, denn du wirst auf Dinge stoßen, die du aufgrund deiner Glaubenssätze und deines Egos nicht machen möchtest. Vielleicht wirst du manchmal aufhören oder dich verteidigen wollen, weil du dich angegriffen und verwundbar fühlst. Sollte dies passieren, schau, woher diese Reaktion kommt, denn tief in deinem Herzen gibt es immer eine Erklärung. In dieser Phase wirst du viele Dinge verlernen, die du dir im Laufe deines Lebens angeeignet hast.

Wirklich verstehen, was Liebe ist

„Wenn ich dich besitzen will, stutze ich dir die Flügel und werde dich immer bei mir haben. Wenn ich dich liebe, freue ich mich daran, dass dir Flügel wachsen und du fliegst. Liebe von ganzem Herzen, was du machst und genieße aus vollen Zügen, was du heute lebst."

Wenn du einen Spaziergang durch die Natur machst und in einen Rosengarten kommst, nimmst du den Rosenduft wahr und kannst ihn riechen, egal ob du die Rosen betrachtest oder nicht. Genauso ist die wahre Liebe. Sie ist wie eine Rose, die dir, wenn sie in deinem Herzen erblüht, so viel Freude, Glück und Hochgefühl schenkt, dass sich dies ohne Unterschied auf alles und jeden um dich herum überträgt. In diesem Augenblick bist du in dauernder Harmonie und fließt frei ohne Ängste, Befürchtungen und Anhaftungen.

Die Liebe ist relativ. Je nach Mensch manifestiert sie sich in unterschiedlichen Formen. Daher ist die Liebe so verschieden, wie es Menschen gibt. Sie zeigt sich von der niedrigsten bis zur höchsten Bewusstseinsebene, weltlich oder heilig, in der Form von Gesten, Zärtlichkeiten oder Sex bis zu der höchsten Ausdrucksform reiner Liebe. Ihre zahlreichen Dimensionen, Ebenen und Formen hängen allein von deiner Perspektive und Wahrnehmung ab.

Definieren wir also die Liebe aus zwei völlig unterschiedlichen und entgegengesetzten Blickwinkeln: die als Liebe getarnte Anhaftung und die Liebe als höchsten Bewusstseinszustand des Menschen (die wahre Liebe).

Wahre Liebe und Anhaftung befinden sich an zwei entgegengesetzten Polen. Das Anhaften auf der einen Seite befindet sich am negativen Pol der Unbewusstheit und wird fortwährend durch Angst genährt, während die wahre Liebe am positiven Pol zu finden ist, wo auch Bewusstsein, Freiheit und innerer Frieden herrschen.

Wenn du achtsam die Natur beobachtest, siehst du, dass das Sonnenlicht auf alle Wesen scheint, egal wie sie sind. Wenn Lichtstrahlen auf Objekte treffen, entstehen verschiedene Phänomene, zum Beispiel der Tautropfen, der das Licht in verschiedenen Farben bricht, die Lagune, in der sich das Licht spiegelt und die Farbe des Wassers verändert, oder der Regenbogen, der nach dem Regen in aller Pracht und Erhabenheit in wunderschönen Farben leuchtet.

Genauso erstreckt sich die Liebe vom reinen Seinszustand aus auf alle Wesen und Gegenstände auf der Erde und schenkt ihnen ihr Licht, unabhängig davon, wer oder wie sie sind. Im reinen

Seinszustand verliert die Liebe nie ihren Glanz, sie fließt ganz einfach, scheint und beleuchtet alle Wesen ohne Unterschied. Diese Liebe fließt auf natürliche Weise aus deinem Herzen, wenn du freudig und glücklich bist. Wenn du Liebe aus diesem Seinszustand erfährst, bist du mit dem Universum verbunden und empfindest vollkommene Freude über die kleinen Dinge des Lebens, wie einen Sonnenaufgang, das Lachen eines Babys, die Umarmung eines geliebten Menschen, die Blätter am Baum, eine Blütenknospe, die sich öffnet, der zarte Duft einer Rose, der Wind, der dich streichelt, der Gesang von Vögeln, oder du freust dich einfach am Leben zu sein und genießt das Wunder der Existenz. In diesem Zustand erfreuen dich sogar Dinge, die anderen hässlich, unangenehm oder geschmacklos erscheinen. Das bedeutet, du bist in vollkommener Harmonie mit allem um dich herum und verstehst, dass du nicht ein einzelnes, vom Universum isoliertes Lebewesen bist, sondern dass das Universum, die Sonne und die Sterne in deinem Inneren sind.

Solange in deinem Inneren Unbewusstheit und Dunkelheit vorherrschen, lebst du in Finsternis und nichts strahlt von dir aus. Erst wenn es in deinem Inneren Licht gibt, kannst du alles von dir geben und dein Licht auf andere scheinen lassen.

Dieser Seinszustand der Bewusstheit ist natürlich und spontan. Wir werden mit ihm geboren. Er ist Freude in ihrer höchsten Ausdrucksform, aber wir verlieren sie im Laufe der Jahre, denn wir haben gelernt, die Liebe in äußeren Dingen zu suchen. Alles im Außen ist vergänglich und hängt nicht von uns ab. Daher sehen wir uns früher oder später mit dem Unglück konfrontiert. Das Leben und seine Rückschläge ermüden und reiben uns langsam auf. Jede Schlappe gibt uns ein Gefühl von Leere, welche wir sofort mit materiellen Dingen zuzuschütten versuchen oder mit Beziehungen, die uns von der Leere und Einsamkeit ablenken sollen. Hier kommt die Anhaftung ins Spiel und wir bekommen Angst, etwas zu verlieren oder nicht von den Menschen angenommen zu werden, die uns ein Wohlgefühl geben und unsere Leere füllen könnten. Dies bereitet uns großen Schmerz, und wenn wir zulassen, dass er sich in unserem Geist einnistet, werden wir großes Leid erfahren.

Erst wenn wir den Seinszustand der Bewusstheit wiedererlangen, können wir zum ersten Mal wahre Liebe spüren. Dann versuchen wir nicht mehr, die uns nahe stehenden Menschen zu verändern, zu verbessern oder zu manipulieren. In diesem Moment erleuchtet die Liebe deinen Weg und du spielst das Spiel der emotionalen Erpressung nicht mehr, beschneidest nicht mehr deine Freiheit oder die des anderen. Wenn du dies begreifst, verstehst du, dass Liebe etwas Göttliches ist, die reinste Manifestation Gottes auf Erden.

Um zu verstehen, was es heißt, unter dem Einfluss von Anhaftungen zu handeln oder aber aus dem Seinszustand der Bewusstheit heraus, möchte ich dir ein gewöhnliches und häufig zu beobachtendes Beispiel eines Paares geben, das vorgibt, sich zu lieben.

Juan und Maria sind ein junges Paar, das sich auf einer Party kennengelernt hat. Als sie sich ansehen, empfinden sie Liebe auf den ersten Blick; sie fangen an sich häufig zu treffen und sind bald ein Paar. Wenn ein Mann und eine Frau sich verlieben, vereinigen sie ihre Körper, ihren mentalen sowie auch ihren spirituellen Geist. In diesem Moment stirbt das Ego. Aber später bekommen sie solche Angst, den anderen zu verlieren, dass sie sich unbewusst an ihn anklammern und ihn zur Quelle ihres Wohlgefühls machen. So hat Juan den Eindruck, dass er Maria über alles liebt und nicht ohne sie leben kann. Er wiederholt ständig, dass das Leben ohne sie keinen Sinn hätte und sagt ihr Dinge, die man aus schmalzigen Liebesliedern kennt: „Ohne dich könnte ich niemals leben", „Wenn du mich verlässt, stirbt mein Herz", „Ohne dich bin ich nichts" usw. Offensichtlich bedeuten für Juan Glück und Ruhe, dass „seine" Maria ihn niemals verlässt und für ewig an seiner Seite ist, komme was wolle.

Es ist diese verzerrte Sichtweise des Lebens, die Juan Kummer bereitet. Sie ist die Quelle seiner Angst und seines Unglücks. Für Juan ist Maria der Inbegriff und die Verkörperung von Liebe, und wenn Juan sie jemals verlieren würde, empfände er großen Schmerz und sein Leben wäre zerstört. Das bedeutet, dass Juan sich an Maria klammert und ihre Form (die Maria ist) mit dem verwechselt, was sie repräsentiert (die Liebe). Sollte Maria Juan eines Tages für jemand anderes verlassen, wird Juan so leiden, dass er absurderweise glauben wird, dass er die Liebe seines Lebens verloren hat, wenn es doch nur die Person war, die sie verkörperte. Der Schmerz, den Juan fühlt, ist ein Produkt seiner Anhaftung an Maria und nicht des Verlustes selber.

Das Problem ist nicht, dass Juan Maria nicht wirklich liebt, sondern dass er absurderweise glaubt, sie ununterbrochen zu brauchen. Was Juan erlebt, ist emotionale Anhaftung. Wenn Juan aus dem Seinszustand der Bewusstheit heraus lebte, würde er sagen: „Ich fühle mich sehr wohl mit dir und hätte dich gern immer an meiner Seite, aber ich kann auch ohne dich sein. Ich liebe dich, aber ich bin glücklich auch ohne dich." Dies ist die wahre Freiheit, die man erlebt, wenn man nicht an seinem Partner haftet.

Sowohl ein Partner als auch andere Familienmitglieder (Kinder, Eltern, Geschwister) können eine solche Anhaftung erleben und sie für Liebe halten. Weil wir einen Menschen lieben, glauben wir, dass wir ihn auch brauchen. Wir verbinden die beiden Begriffe miteinander, aber das ist nicht richtig so. Wenn Juan Maria wirklich liebte, würde er ihre Entscheidung akzeptieren und nicht um ihre Liebe betteln, denn jemand wirklich zu lieben bedeutet, ihm das Beste zu wünschen. Und wenn es das Beste für Maria ist, mit jemand anderem zusammen zu sein, dürfte Juan nicht leiden.

Wenn du wahrhaftig liebst, freust du dich einfach an der Existenz des anderen. Dann hängt die Liebe nicht davon ab, was der andere tut, sagt oder besitzt.

Anhaftung verschwindet, wenn du dich wirklich im Zustand des reinen Bewusstseins, der Liebe befindest. Dann gibt es keine Ansprüche mehr, keine Erwartungen oder Forderungen. Wenn du begreifst, dass dein Glück nicht in dem anderen Menschen liegt, hörst du auf, ihn zu brauchen, deine Angst löst sich auf und du kannst ohne ihn glücklich sein. Erst dann kannst du dich wirklich an ihm erfreuen, seine Gesellschaft genießen – ganz selbstverständlich und ohne Anstrengung. Sei nicht traurig, wenn der Mensch, den du liebst, dich aus irgendeinem Grund verlässt, so wie in der Geschichte von Juan. Koste jeden Moment, den ihr zusammen seid, voll aus, aber du brauchst diesen Menschen nicht für dein Glück.

Wahre Liebe braucht Freiheit, Anhaftung braucht Besitz. Anhaftung verwandelt etwas so Schönes wie die wahre Liebe, die sich auf Geben gründet, in die Notwendigkeit des Habens.

Den verborgenen Feind entlarven

„Das Ego kann dich anketten und dich zu einem elenden Dasein verdammen, aber wenn du es erkennst und lernst damit umzugehen, kannst du dein Leben voll auskosten."

In den Tropen gibt es einen Baum, der unter dem Namen „Würgender Ficus" bekannt ist und der riesig werden kann. Wenn du in einen Wald gehst, kannst du ihn ohne Weiteres bestimmen, nicht nur wegen seiner Größe, sondern weil du durch den Stamm hindurch gucken kannst, denn die Wurzeln sind über dem Boden. Das Erste, was du dich fragst, ist, wie ein Baum von so enormen Gewicht auf einem Stamm stehen kann, der hohl ist. Das passiert folgendermaßen: Vögel deponieren Ficus-Samen in der Baumkrone von anderen Bäumen. Diese Parasiten-Samen treiben aus und umschlingen mit ihren Wurzeln den Wirtsbaum. Die Wurzeln wachsen um ihn herum und entziehen ihm den Saft und die Nährstoffe, bis sie ihn vollkommen stranguliert haben, sodass der Baum allmählich vertrocknet und abstirbt.

Ebenso geht es mit dem Ego: Wenn wir es nicht beizeiten erkennen, verwurzelt es sich in unserem Geist und umnebelt unseren Verstand und unsere Vernunft. Es breitet sich bis zu unserem Herzen aus und stranguliert uns so lange, bis wir in einem bedauernswerten Zustand sind, voller Angst und Schmerz. Der Ego-Parasit trocknet uns aus, nimmt uns den Sauerstoff, die Nährstoffe und unsere Lebensfreude, bis wir uns schließlich in einem Zustand vollkommener Unbewusstheit und Abhängigkeit befinden.Um unseren Geist mit unserem Herzen zu verbinden und uns wirklich kennenzulernen, müssen wir zunächst das Ego entlarven, den verborgenen Feind, der uns manipuliert, der sich geschickt durch die Schatten unseres Unbewussten bewegt und uns auf seiner Suche nach Anerkennung, Macht, Prestige und Bestätigung Dinge tun lässt, die wir eigentlich nicht tun wollen.

Das Ego befindet sich in einem Zustand der Unbewusstheit jenseits von Körper, Geist und Intellekt. Daher können Menschen, deren Gehirne in niedrigen Frequenzen schwingen, die also Gefühle von Groll, Schuld, Depression, Angst, Frustration und Leid durchleben, es nicht aufspüren, denn es ist das Ego selbst, das diese Gedanken, Gefühle und Emotionen erschafft. Das Ego braucht zum Überleben einen äußeren Bezugspunkt, mit dem es sich ständig vergleichen kann. Das Ego nährt sich von der Angst, niemals besser sein zu können, als dieser Bezugspunkt. Bei der Mehrheit der Menschen oder zumindest bei denen, die unbewusst leben, hat das Ego die Kontrolle über das Leben. Deshalb gibt es soviel Angst, Schmerz und Leid.

Wenn jemand einen Raum betritt, freundlich grüßt und niemand antwortet, fühlt sich sein Ego schlecht und verletzt, denn es empfindet diese Nichtreaktion als Zurückweisung. Auch wenn eine Liebesbeziehung endet, fühlt sich das Ego schlecht, weil es zurückgewiesen wurde, und benutzt Mechanismen wie Erpressung, Rache, Manipulation oder falsche Erwartungen, wie zum Beispiel Hoffnung, um den anderen zurückzuerobern und anerkannt zu werden. Das Ego ist unsere Vorstellung von dem, was wir sind und haben. Das Ego legt uns Steine in den Weg, die uns daran hindern, die Liebe und unsere Beziehungen voll zu genießen, denn wir verwechseln Haben und Sein, und unser Ego gründet sich auf dem Haben und nicht auf dem Sein. Wenn das Ego sich davon nährt, was andere über uns sagen, wird es ewig von der Suche nach Anerkennung und Ruhm getrieben sein. Das

Ego trennt uns von unserer göttlichen Essenz, der Liebe, und redet uns ein, dass wir ohne sie leben können. Es gibt uns ein Gefühl von Getrenntheit von den anderen Lebewesen im Universum. Wir sehen uns als Körper, die unabhängig von der Schöpfung existieren und nicht als einen integralen Teil von ihr. Wenn wir das Leben durch die Brille des Egos sehen, werden wir schwach und können das Leben nicht voll genießen, denn wir legen erlernte Verhaltensweisen und Attitüden an den Tag, die uns Schmerz und Unzufriedenheit verursachen. Das Bedürfnis, uns zu beweisen, zu gewinnen, Erster zu sein, Erfolg zu haben, führt dazu, dass wir uns fortwährend mit anderen vergleichen und dass wir davon abhängen, wie andere uns wahrnehmen. Zu diesem Zweck bewirkt das Ego häufig, dass wir uns über andere stellen und gegen unser Gewissen handeln, das unsere Prinzipien bestimmt. Auf dieser Ebene von Unbewusstheit tauchen wirklich Probleme auf, und Gefühle von Verzweiflung, Hass, Niedergeschlagenheit, Anspannung und Verbitterung beherrschen unser Leben.

Manchmal lachen wir über die Unschuld, die Fähigkeit zu staunen und die Echtheit von Kindern und finden sie albern. Dabei bemerken wir nicht, dass wir mit zunehmendem Alter immer alberner werden, denn wir verstellen uns und verlieren unsere Echtheit, indem wir versuchen, andere zu beeindrucken und so zu sein wie sie. Uns bringen nur Macht, Prestige, Geld und Ansehen zum Staunen. Wir verschleiern die Vergangenheit und sind stolz auf das, was wir erworben und uns angeeignet haben. Wir brüsten uns mit unserer Vergangenheit, übertreiben, verherrlichen und verfälschen sie, um die Anerkennung anderer zu erlangen. Manchmal ignorieren oder verachten wir die Meinung der jüngeren Generation, weil wir uns immer im Recht fühlen.

In einem Flugzeug saßen einmal ein berühmter Wissenschaftler, ein Mönch und ein Pfadfinder. Plötzlich verlor das Flugzeug an Höhe und der Motor machte fürchterlichen Lärm. Der Pilot kam aus seiner Kabine und sagte mit besorgtem Gesicht zu seinen drei Passagieren: „Unser Benzintank ist beschädigt und wir werden in spätestens fünf Minuten abstürzen. Leider gibt es nur drei Fallschirme: einen für mich, den Piloten, und zwei weitere, die Sie unter sich aufteilen müssen." Überwältigt von Angst und Verzweiflung schnappte sich der Wissenschaftler einen Sack und sagte zu seiner Verteidigung: „Ich bin Wissenschaftler und die Welt braucht meine Intelligenz und meinen Beitrag. Deshalb muss ich mich retten." Er öffnete impulsiv die Flugzeugtür und stürzte sich in die Tiefe, ohne auf die Meinung der anderen zu warten.

Währenddessen sagte der Mönch, dessen Gesicht großen Frieden spiegelte, zu dem Kind: „Ich bin ein alter Mann und habe schon gelebt, was ich zu leben hatte. Ich bin glücklich, weil ich meine Mission hier auf der Erde erfüllt habe. Du aber bist ein Kind Gottes und fängst gerade an zu leben. Nimm den Fallschirm und rette dich." Das Kind riss erstaunt seine großen Augen auf und sagte zum Mönch: „Aber da sind noch zwei Fallschirme. Warum nimmst du deinen nicht?" Der Mönch fragte verblüfft: „Wie das? Wovon sprichst du? Hast du nicht gesehen, dass der Wissenschaftler schon einen Fallschirm genommen hat und somit nur noch einer übrig ist?" Da sagte das Kind lächelnd: „Der Wissenschaftler hat, ohne es zu merken, in seiner Verwirrung und in seinem Egoismus statt des Fallschirms meinen Rucksack gegriffen. Er hat ihn sich aufgesetzt und sich aus dem Flugzeug gestürzt, ohne auf mich zu hören, als ich versuchte, ihn über seinen Irrtum aufzuklären"

Wenn das Ego über unser Leben herrscht, verlieren wir unsere Fähigkeit zu beobachten und uns intelligent zu verhalten, denn wir sehen nicht mehr klar, was um uns herum passiert.

Unsere Glaubenssätze erkennen

„Glaubenssätze sind uns intellektuell aufgepfropft und basieren auf Angst. Sie sind im allgemeinen Konstrukte unserer Kultur und Religion, die zum Ziel haben, uns zu manipulieren und zu kontrollieren." Um aus dem Zustand der Unbewusstheit aufzuwachen, müssen wir als Nächstes unsere gesellschaftlichen Masken und unsere Rüstung erkennen, die wir angelegt haben, um andere zu beeindrucken und uns vor ihren Angriffen zu schützen.

Selbsteinschätzung erlaubt dir, dich von den Fesseln zu befreien, die nicht nur dein Leben einschränken, sondern auch deine Beziehungen zu dir nahestehenden Menschen. Deshalb musst du ehrlich deine Glaubenssätze sowie die gesellschaftlichen Masken und Verhaltensweisen betrachten, die dir Leid bereiten, und mithilfe der Werkzeuge, die ich dir geben werde, all das andern, was dich leiden lässt. Schau nur die Dinge an, die du für die Ursache deines Leids und Schmerzes hältst, denn wenn du etwas findest, dann musst du es verändern. Wenn du einmal verstanden hast, dass du in diese Welt gekommen bist, um zu genießen, anstatt zu leiden, werden sich dir Türen öffnen, sodass du dein Leben neu organisieren und ordnen kannst.

Verhaltensweisen sind die äußere Manifestation deiner Glaubenssätze und gesellschaftlichen Masken. Daher ist es wichtig, dass du deine Verhaltensweisen gegenüber dem Leben erkennst, um so die ihnen zugrunde liegenden falschen Glaubenssätze zu verstehen und zu entlarven. Analysiere einmal Folgendes: Erwartest du, dass dein Partner oder deine Partnerin dir immer Recht gibt und unabhängig von seinen oder ihren eigenen Bedürfnissen und Prinzipien nur das tut, was du willst? Erinnerst du dich immer wieder an Ereignisse aus der Vergangenheit und reibst sie deinem Partner unter die Nase? Wenn du dein Bedürfnis nach Anerkennung durch deinen Partner, die Eifersucht, emotionale Erpressung, Manipulation und Drohungen einmal beiseitelässt, verschwindet dann die Liebe? Ist Liebe demnach Leid, Schmerz und Sorge?

Es gibt Tausende von Glaubenssätzen in den unterschiedlichsten Tarnungen. Du nimmst sie durch kulturelle, politische, intellektuelle, religiöse und viele andere Vorstellungen auf. Einige von ihnen inspirieren und motivieren uns, das Leben zu genießen, aber die Mehrheit unserer Glaubenssätze gründen sich auf Angst und Furcht. Das sind die, die wir aufspüren müssen, um sie zu ersetzen und uns von ihren Fesseln zu befreien. Du hast diese von Angst durchsetzten Glaubenssätze schon im Mutterleib durch die Ängste deiner Mutter aufgenommen. Aus diesem Grunde gibt es so viele Glaubenssätze, die dein Leben bestimmen, dich einschränken und leiden lassen, denn seit deiner Geburt hat man dir beigebracht mechanisch zu leben. Wenn du anfängst, wie ein Roboter zu leben, der die Vorschriften anderer befolgt, verlernst du zu unterscheiden und eigenständig zu denken. Dann bist du nicht mehr verantwortlich für das, was du tust und denkst, weil die Masse, die Kultur, die Religion und die Politik die Verantwortung tragen.

Glaubenssätze entstehen aufgrund von Interessen einzelner Personen, Bewegungen, Parteien, Religionen usw., die ganze Gruppen anstiften, sich ihren Ideen und Handlungen anzuschließen. Wenn

Menschen unbewusst sind, folgen sie dem Programm der Masse und glauben, es ist richtig, dies zu tun. So müssen sie nicht selbst Verantwortung tragen.

Im Laufe der Geschichte haben wir immer wieder Beispiele guter Menschen gesehen, die brutal und unbewusst handelten, weil sie einem Führer gehorchten.

Heutzutage sehen wir, wie der Führer eines Landes angeblich im Namen des Weltfriedens sich Tricks und Listen ausdenkt, um die Massen zu einem Handeln zu bewegen, das ihm dabei hilft, noch mehr Macht, Prestige und Ruhm zu erlangen. Und weil die Masse nur eine große Menschengruppe ist, die kein Herz hat, befolgt sie die Worte des Staatsführers. So kommt es zur Bombardierung ganzer Städte und zum tragischen Tod tausender unschuldiger Jungen und Mädchen und anderer Menschen, die nichts mit dem Drang nach Anerkennung, Prestige, Macht und Ruhm dieses Staatsführers zu tun haben. Wenn man die Masse fragt, warum sie solche Grausamkeiten begangen hat, so antwortet sie: um die Welt zu verteidigen, um mein Land, meine Ehre, meine Kultur usw. zu verteidigen. Der Terror, den wir in dieser Welt erleben, beruht auf maskierten und getarnten Glaubenssätzen.

So ist es mit allem, das du tust, weil du es nicht besser weißt, weil du dich nicht beobachtest, dich nicht hinterfragst oder weil du dich dem Wissen nicht öffnen willst. Man betrachte nur einmal die Unzahl von Normen, Modeerscheinungen, Verhaltensregeln und gesellschaftlichen Förmlichkeiten, die die Masse befolgen soll, um akzeptiert zu werden. Aus dem Grund werden Probleme, wie materielle Anhaftung, emotionale Abhängigkeit, Bulimie, Anorexie, Selbstmord und Drogenabhängigkeit, die uns tagtäglich zu schaffen machen und immer häufiger werden, zum größten Teil von unseren Glaubenssätzen hervorgerufen. Sie sind es, die die Massen zu unbewusstem Handeln verleiten und sie veranlassen, alle, die sich ihnen in den Weg stellen, unerbittlich zu verurteilen. Es ist überaus wichtig, dass du dies verstehst, denn sonst unternimmst du nicht den Schritt, aus deiner jetzigen Situation herauszukommen und denkst, du hast Unrecht, denn das hat man dir ein Leben lang gesagt, um dich unter Kontrolle zu haben. Du musst dir Zeit nehmen, um die Glaubenssätze zu erkennen, die du seit deiner Kindheit in dir trägst, denn sie treffen nur auf dich zu. Du musst tiefer schauen, denn es kann gut möglich sein, dass du mit dem Strom schwimmst und nicht so handelst, wie du es selbst für richtig hältst. Menschen leben auf unterschiedliche Weise und lassen sich im Laufe des Lebens auch unterschiedlich von Glaubenssätzen beeinflussen. Viele Faktoren beeinflussen unsere Glaubenssätze: dein Land mit seiner Kultur, die Familie, in der du aufgewachsen bist, ob du das älteste oder jüngste Kind warst, ob du bei deiner Mutter und deinem Vater oder nur bei einem von beiden aufgewachsen bist, die Schule, in die du gegangen bist, die Klassenkameraden und Freunde, mit denen du zu tun hattest, deine Religionszugehörigkeit und ihr Stellenwert in deinem Leben, die Bedeutung des Geldes für deine Familie und Freunde, Ängste und Schuldgefühle, die dir eingeredet wurden etc.

Ein Blinder war zu Besuch bei Freunden. Als die Nacht hereinbrach, er sich von ihnen verabschiedete und gehen wollte, gaben sie ihm eine Laterne, um den Weg zu beleuchten. Der blinde Mann sagte: „Vielen Dank, aber ich brauche sie nicht, weil es egal ist, ob ich in der Dunkelheit gehe oder im Hellen. Für mich ist alles gleich." Sie aber antworteten: „Du hast Recht, aber nimm sie trotzdem mit, damit du den Weg erhellst und niemand mit dir zusammenstößt." Dankbar nahm er die Laterne, aber nach nur wenigen Minuten stieß doch jemand gegen ihn. Erstaunt rief er: „Was ist los? Siehst du nicht, wo du hingehst? Hast du nicht gesehen, dass ich eine Laterne trage?" Die Person entgegnete: „Es tut mir sehr leid, mein Freund, aber ich habe dich nicht gesehen, weil deine Kerze ausgegangen ist."

Ebenso sind die Glaubenssätze, denen wir treu folgen. Wir glauben, sie sind unsere einzige Wahrheit und befolgen sie, egal ob sie uns schaden oder nicht. Wir denken, dass die Lampe entzündet ist und unseren Weg erhellt, aber in Wahrheit ist sie erloschen und wir gehen unbewusst durch das Leben. Wir verhalten uns, als hätten wir den Autopiloten eingeschaltet und machen einfach, was die Gesellschaft uns als richtig vorgibt. Wie oft denken wir, dass diese Glaubenssätze die letztgültige Wahrheit sind, während in Wahrheit unsere Augen und unser Verstand blind sind, denn wir wollen nicht zu Bewusstsein kommen und ziehen es vor, weiterhin unbewusst zu handeln. Um einige Werkzeuge zu erhalten, mit denen wir arbeiten können, wollen wir einen kurzen Blick auf die verschiedenen Arten von Glaubenssätzen werfen, die Anhaftungen hervorbringen.

Glaubenssätze, die zu emotionaler Anhaftung führen

- Ich kann allein nicht glücklich sein, ich muss jemanden an meiner Seite haben.
- In dem Moment, in dem du dich entschließt zu heiraten, gibst du deine Freiheit auf; du gehörst dann der Person, die du heiratest.
- Die Ehe ist für das ganze Leben, und du musst dein Glück opfern, um sie zu retten, selbst wenn du leidest.
- Wenn du dich scheiden lässt, fährst du in die Hölle.

- Frauen müssen immer zu Hause sein und ihr Leben der Kindererziehung widmen, egal was für Träume sie selbst haben.
- Männer arbeiten und bringen das Geld nach Hause.
- Männer sind von Natur aus untreu.

Man hat uns eingetrichtert, dass Liebe weh tut, und uns weisgemacht, dass lieben leiden heißt und dass dein Partner nur dir gehört und sonst niemandem. In unserer Gesellschaft ist der freie Wille von Ehepartnern nicht gern gesehen. Er wird als Vertrauensmissbrauch, als fehlender Respekt oder Freizügigkeit ausgelegt. Es gibt eine Kontrolle, die im Allgemeinen durch den Mann ausgeübt wird (Männlichkeitswahn) oder aber durch denjenigen, der in der Beziehung mehr Macht hat. Das führt zu einer Verzerrung der Realität und dazu, dass wir Selbstliebe manchmal mit der Liebe für den Partner oder die Partnerin verwechseln und dass wir aus Stolz oder Kontrollzwang dem anderen unseren Willen aufzwingen wollen.

Wenn du in einer von Männern dominierten Gesellschaft lebst, in der die Frau kochen, waschen, putzen und sich einzig um den Haushalt kümmern muss, ist der Mann überzeugt, dass die Frau ihm gehört und sie deshalb nichts ohne seine Zustimmung machen darf. Diese Überzeugung führt dazu, dass die Frau sich herabgesetzt fühlt, aber sie kann auch so stark und ausgeprägt sein, dass die Frau diesen Lebensstil schließlich akzeptiert, obwohl sie total unglücklich ist.

Glaubenssätze, die zu materieller Anhaftung führen
- Ohne Geld bin ich ein Niemand.
- Ohne Geld bin ich unglücklich.
- Zuerst muss ich haben, danach sein.
- Was ich bin misst sich an dem, was ich besitze.
- Erfolg heißt Geld zu haben und Dinge zu besitzen.
- Menschen, die kein Geld haben sind gescheitert.
- Deine materiellen Besitztümer zeigen, was du bist, beziehungsweise, du bist, was du hast.
- Dein Besitz macht dich attraktiver.
- Die Kleidung, der Schmuck und die Marken, die du trägst zeigen deine gesellschaftliche Position.
- Wenn du Geld hast, bist du anerkannter und angesehener.
- Reisen und die Welt kennenlernen macht dich anderen überlegen.
- Um einer bestimmten Gruppe anzugehören, musst du dich auf eine bestimmte Art und Weise kleiden und die neueste Mode tragen.
- Wenn du bekannte Marken benutzt, steigt dein soziales Ansehen etc.

Glaubenssätze, die zu ideologischer Anhaftung führen
- Erfolg bedeutet, Macht, Ansehen und Prestige zu haben, egal was man dafür tun oder opfern muss.
- Das einzig Wichtige ist, was die Leute über dich sagen.
- Gott ist eine strafende, autoritäre, anspruchsvolle Wesenheit.
- Wenn du nicht mit meiner Religion übereinstimmst, bist du ein Sünder und verdammt.
- Einzig meine Religion ist richtig und wahr, alle anderen sind falsch.

- Meine politische Partei ist die einzige ehrliche und transparente.
- Wenn ich etwas gebe, muss ich im Gegenzug auch etwas dafür bekommen.
- Ich entschuldige, aber ich vergesse nicht.
- Meine Fußballmannschaft ist die beste.
- Dies ist nur eine Arbeit für Männer, Frauen können das nicht etc.

Wenn wir diese Glaubenssätze näher untersuchen, stellen wir fest, dass darin subtile Ängste verborgen liegen, die uns emotional an sie binden. Aus dem Grund müssen wir als Nächstes die Ängste aufdecken, mit denen wir erzogen wurden und die wir mit durchs Leben tragen.

Unsere Ängste erkennen

„Unsere Ängste halten nicht den Tod auf, wohl aber die Liebe und das Leben. Die Angst kann mit ihrer ganzen Kraft den Tod nicht aufhalten, aber sie kann den Fluss des Lebens aufhalten, der uns zum inneren Frieden führt."

Das Meer, das manchmal ruhig und durchsichtig ist, kann auch tückisch sein und eine ernsthafte Gefahr für alle darstellen, die in seiner Nähe sind. So ist auch die Angst. Um uns das Leben zu retten, lässt sie uns Gefahren bemerken, von den unbedeutendsten bis hin zu den turbulentesten und zerstörerischsten. Aber sie kann uns auch lähmen, Vernunft und Verstand stilllegen, uns ein elendes Leben bereiten und in extremen Fällen in den Tod treiben.

Hast du einmal Angst gehabt, die Person, die du liebst zu verlieren? Hast du aus Angst, diese Person zu verlieren schon einmal Dinge getan, die nicht im Einklang mit deinem Herzen waren? Hast du schon einmal das Gefühl gehabt, angesichts einer unerwarteten Situation zu erstarren? Warst du schon einmal angespannt und ängstlich, weil du dachtest, etwas Schreckliches würde sich ereignen und am Ende merktest du, dass gar nichts passiert war?

Angst ist ein Urgefühl, das spontan hochkommt, um uns vor einer Gefahr zu schützen. Angst beschleunigt den Blutkreislauf, die größeren Muskelgruppen straffen sich und dein Körper reagiert, damit du einer Situation entkommen kannst, die dir schaden könnte. So gesehen hat Angst eine nützliche und notwendige Funktion in unserem Leben. Ein Problem haben wir erst, wenn dein mentaler Geist mit all seinen vorfabrizierten Vorstellungen, Überzeugungen und den Erfahrungen der Vergangenheit mit diesem Gefühl in Kontakt kommt und es in eine irrationale oder falsche Angst umwandelt, die die Vernunft lähmen und benebeln und uns zu sinnlosen Handlungen verleiten kann. In diesem Moment entstehen unbegründete Phobien und Panikzustände.

Wir glauben, dass Liebe und Hass Gegensätze sind, doch dabei ist genau das Gegenteil der Fall. Jetzt, in diesem Moment, liebst du vielleicht einen Menschen; doch wenn dich dieser Mensch plötzlich verachtet, dich zurückweist oder dir irgendetwas antut, das dich verletzt, dann kann sich das Liebesgefühl auf der Stelle in Hass verwandeln. Wenn sich dieser Mensch aber entschuldigt, dich umarmt und echte Reue zeigt, fängst du wieder an, ihn zu lieben. Das bedeutet, dass Hass und Liebe die gleiche Energie sind, sie ergänzen und wandeln sich ständig.

Was der Liebe allerdings diametral gegenübersteht, ist die Angst. Beide können niemals auf demselben Raum existieren, so wie Liebe und Hass. Unser ganzes Leben lang hat man uns erzählt, dass wir, um wirklich lieben zu können, die geliebte Person an unserer Seite haben und sie besitzen müssen. In Wahrheit ist es aber gerade das, was uns leiden lässt, weil wir Angst bekommen, die Person zu verlieren. Das bezeichnen wir als Anhaftung und sie ernährt sich mit Vorliebe von Angst. Je mehr wir uns der Angst hingeben, umso schwächer wird die Liebe. Das zeigt uns, dass sich unsere Beziehungen statt auf Liebe unbewusst auf Angst und Anhaftung gründen. Liebe ist der Nährboden von Beziehungen und sie erlaubt dir, das Leben auf unzählige Arten zu erfahren und zu genießen. Angst hingegen lähmt dich und macht dich unfähig ein ruhiges und heiteres Leben zu führen.

Man hat uns gelehrt, Liebe und Glück in äußeren, oberflächlichen, vergänglichen Dingen zu suchen, und wenn wir merken, dass diese Dinge uns entgleiten und wir sie nicht halten können, machen wir uns zu Opfern unserer Anhaftungen und erlauben ihnen, dass sie uns quälen und uns das Leben verderben. In diesem Moment übernimmt Angst die Kontrolle über uns, denn wir meinen, ohne diese Dinge nicht glücklich sein zu können. Wenn wir uns also unseren Ängsten stellen und sie beseitigen, reißen wir die Wurzeln aus, aus denen sich die Anhaftungen nähren und stärken. Wenn das geschieht, genießen wir Liebe aus dem wahren Bewusstsein heraus.

Unser Leben ist voll von Ängsten, die sich in unserem Unbewussten verbergen. Um mit unseren Ängsten zu arbeiten und uns von ihnen zu befreien, müssen wir zunächst unsere häufigsten Ängste erkennen. Welche Ängste spüren wir, wenn wir uns in einer

Liebesbeziehung befinden, auf die wir unser Glück gründen? Angst vor Einsamkeit, vor dem Verlust des geliebten Menschen oder unserer Annehmlichkeiten.

Angst vor Einsamkeit

Wir sind authentische und einzigartige Individuen. Obwohl wir im Verlaufe unseres Lebens immer wieder von Menschen umgeben sind, die uns zeitweise auf unserem Weg begleiten, ist doch Einsamkeit unsere wahre Natur. Wir sind uns dessen aber nicht bewusst, denn von klein auf hat man uns erzählt, dass wir nicht allein sein sollten, sondern jemand oder etwas an unserer Seite oder um uns bräuchten, um uns glücklich zu fühlen. Deshalb hat man uns, wenn wir allein waren, immer mit äußeren Dingen beschäftigt oder zu unterhalten versucht, beispielsweise mit einem Stoffteddy, der uns die Nacht über begleitet hat, einer Fernseh- oder Radiosendung, einem Märchenbuch, einem Spielzeug oder, wie in meinem Fall, einem Schäferhund und einem neongrünen Plastikschwert, die meine ständigen Begleiter waren und mir Sicherheit gaben.

Wenn wir diese Begleiter und Ablenkungen nicht um uns hatten, wenn wir nichts zu tun hatten und uns nicht wohl in unserer Haut fühlten, fing unser Geist an umherzuwandern und verwandelte die natürliche und wunderbare Schönheit der Einsamkeit in Angst. Als wir älter wurden, machten wir uns aufgrund dieser Konditionierung immer auf die Suche nach Menschen, die unsere Leere füllen sollten – und letztendlich klammerten wir uns an sie.

Wir haben eine große Mauer zwischen unserem Inneren und den äußeren Dingen aufgebaut und versuchen starrsinnig, die innere Leere mit Dingen aus dem Außen oder mit Menschen zu füllen. Aber tatsächlich wachsen unsere Unzufriedenheit, unsere Beklemmung und Angst vor Einsamkeit, egal wie wir auch versuchen, das Loch in unserem Inneren durch äußere Dinge zu stopfen. Wir finden unseren so ersehnten Frieden nicht in Äußerlichkeiten, sondern einzig und allein, wenn wir nach innen schauen. Es ist genauso, als ob du einen rissigen Krug füllen willst. Wie viel du auch hinein gießt, er wird niemals voll, denn das Wasser entströmt durch seine Risse.

Wenn wir Angst vor Einsamkeit haben, gehen wir oftmals Liebesbeziehungen ein, um uns die Zeit zu vertreiben und uns nicht einsam zu fühlen. Aber eine Beziehung, die du aus Angst eingehst, kann weder Erfüllung noch Bedeutung in dein Leben bringen, weil ihre Wurzel faul ist und du diesen Menschen nicht wirklich liebst, sondern ihn aus Angst vor der Einsamkeit nur benutzt. Und vielleicht liebt er dich auch nicht, denn ähnlich wie du, manipuliert er dich und benutzt dich nur, um nicht allein zu sein. Wenn du jemanden benutzt, wertest du ihn ab und entfernst ihn von dir, und indem du dies tust, missachtest du ihn und nimmst ihm die Freiheit. Im Namen dieser ach so wunderbaren und außergewöhnlichen Liebe (die nicht Liebe, sondern Anhaftung ist) können tausend Dinge passieren – nur, wahre Liebe, die niemals auf dem Nährboden von Angst wächst, wird sich nicht einstellen. Wenn du gerade in einer solchen Situation bist, wird dir dein Ego wahrscheinlich sagen, dass ich damit völlig falsch liege und mich beschimpfen, wie ich nur an solchen Blödsinn glauben kann. Das Ego will nicht erkannt werden und schon gar nicht seine Macht verlieren, und es verteidigt sich, indem es verspottet und angreift. Deshalb sagt ein bekanntes Sprichwort: „Die Wahrheit tut weh."

Wir glauben fälschlicherweise, dass Alleinsein bedeutet, von der Welt isoliert zu sein, und wollen nicht verstehen, dass die Einsamkeit, die aus der inneren Stille kommt, aus der Fülle des Herzens und aus der persönlichen Freiheit, Frieden, Harmonie und Glück schenkt. Daher ist Einsamkeit, die von Furcht und Angst herrührt, immer negativ, im Gegensatz zu der Einsamkeit, die unserer eigenen Natur entstammt, die schön und kreativ ist und die unser Leben erhellt und bereichert.

Ob du es glaubst oder nicht, die Einsamkeit ist deine treue Freundin. Aber sie kann sich gegen dich wenden, wenn du ihr untreu wirst, wenn du versuchst, den unendlichen Frieden, den sie dir anbietet, durch laute und weltliche Vergnügen aus dem Außen zu ersetzen. Die Einsamkeit wird zu deiner Feindin, wenn du unzufrieden bist mit deinem inneren Wesen.

Wenn du von heute ab beginnst, dir der Kraft bewusst zu werden, die sich in deinem Inneren befindet, und dich mithilfe von Stille und Meditation von der Einsamkeit umarmen lässt, kannst du in sie eintauchen und dich an ihr erfreuen. Dann wirst du an diesem Ort, den du für dunkel, schwarz und deprimierend hieltst, das Licht, die Liebe Gottes entdecken.

Angst vor dem Verlust des geliebten Menschen

Wenn die vermeintliche Liebe sich auf Angst vor dem Alleinsein gründet, klammern wir uns an den anderen Menschen und dann befürchten wir, dass er uns verlassen, uns untreu werden oder gar sterben könnte. Wenn wir diesen Ängsten freien Lauf lassen, wird unser Leben zur Hölle, denn Eifersucht, Manipulation und emotionale Erpressung übernehmen die Kontrolle über unser Leben. Diese Angst führt dazu, dass die Person schlechte Gefühle bekommt, die Beherrschung verliert und wie besessen ist – bis sie Dinge sieht, die gar nicht existieren. Du kannst diese Gefühle unterdrücken, Groll und Angst in deinem Herzen verbergen – bis eines Tages das Fass überläuft, du genug hast und explodierst, ohne Rücksicht auf Verluste, egal wo du dich gerade aufhältst und wer um dich ist. Oder diese Gefühle verwandeln sich in emotionale Erpressung oder Manipulation. Man macht sich zum Opfer, um die Aufmerksamkeit des oder der Geliebten zu bekommen und zeigt ihm oder ihr alles, was man aufgegeben oder erlitten hat. So beginnt eine ewige Streiterei.

Zum Zweck der Manipulation benutzen viele Menschen gerissene Druckmittel, zum Beispiel entziehen sie dem Partner den Unterhalt, lassen ihn einfach links liegen, hüllen sich in Schweigen, tauchen für längere Zeit unter oder lassen ihn im Glauben, da sei ein anderer; oder Geschrei, Wutausbrüche, Drohungen sowie Alkohol- und Drogenmissbrauch werden eingesetzt, was oftmals auch zu Handgreiflichkeiten führt.

Wir haben Angst, dass unser Geliebter oder unsere Geliebte, die Liebe unseres Lebens, plötzlich verschwindet oder dahinscheidet, so wie eine Rose im Garten verwelkt und, egal wie sehr wir uns auch bemühen, niemals wieder ihre Farbe, ihre Form und ihren Duft zurückgewinnt. Egal wie sehr du dich auch anstrengst, sie wiederzubeleben, früher oder später musst du akzeptieren, dass sie tot ist. Deshalb solltest du keine Erwartungen oder falsche Hoffnungen hegen, dass die Dinge so werden wie früher. Die Vergangenheit ist vorbei und kommt nicht wieder, aber neue Dinge werden sich in deinem Leben ereignen. So wie die verwelkte Blüte fällt und stirbt, so werden neue duftende Blüten aufgehen. Deshalb klammere dich an nichts und niemanden, denn dort wartet die Leere. Das ist das Einzige, was du wirklich davon haben wirst. Oftmals ist die Leere so groß und umnebelt so deinen Verstand, dass du zu Kurzschlusshandlungen verleitet wirst, du triffst Entscheidungen ohne Sinn und Verstand und begehst Dummheiten, wie zum Beispiel dir einen Partner zu suchen, den du nicht liebst, oder in die Welt des Alkohols, der Drogen, der Gewalt einzutauchen, oder schlimmer noch, es stellt sich bei dir das Gefühl ein, dass du nicht länger in dieses Leben verwickelt sein willst und du lieber sterben oder dich umbringen würdest.

Daher ist es wichtig, dir selbst Zeit zu geben dein Bewusstsein zu wecken, damit du begreifst und akzeptierst, dass die Person nicht mehr da ist. Nur dann wirst du beginnen die Einsamkeit zu genießen. Wenn du es aber nicht akzeptierst und ewig kämpfst um das, was nicht zurückkommen wird, so wirst du äußerstes Leid erfahren. Dieses Leid kann das ganze Leben andauern, aber erinnere dich, dass du auf der Welt bist, um zu genießen, nicht um zu leiden. Du wirst erst dann deinen so ersehnten inneren Frieden finden, wenn du der Wirklichkeit ins Auge siehst und zulässt, dass alles natürlich fließt und sich gemäß einem göttlichen Plan harmonisch inszeniert.

Ein Bauer hatte einen alten Esel. Eines Tages passte er nicht auf und der Esel fiel in einen Brunnen. Der Bauer hörte das Klagen des Esels und eilte herbei. Nachdem er die Situation begutachtet hatte, entschied er, dass es keine Möglichkeit gäbe, den Esel dort herauszuholen und dass es das Beste wäre, ihn an Ort und Stelle zu begraben, damit er nicht länger leiden müsse. Der Bauer begann, Erde in das Loch auf den Esel zu schaufeln. Als der Esel merkte, dass ihm Erde und Steine auf den Rücken fielen, schüttelte er sich und stieg auf den entstandenen Haufen. Er dachte bei sich: „Egal wie weh es auch tun mag, bei jeder Schaufel Erde und Steine, die auf mich fällt, werde ich mich schütteln und auf den wachsenden Haufen steigen." Der Esel überwand seine Angst und hörte nicht auf sich zu schütteln. Der Boden unter seinen Hufen wuchs höher und höher. Der Bauer war verblüfft, doch er verstand den Plan des Esels, und das feuerte ihn an weiter zu schaufeln, bis der Punkt erreicht war, dass der erschöpfte Esel aus dem Brunnen klettern konnte. Durch die Art und Weise, wie der Esel mit den Widrigkeiten umging, wurde die Erde, die ihn zu begraben drohte, seine Rettung. Genauso ist das Leben. Wenn du deinen Problemen die Stirn bietest und nicht fragst warum, sondern wozu, kannst du die Angst besiegen und schaffst es, aus einem scheinbaren Problem eine Chance zu machen dich weiterzuentwickeln.

Wenn du also glaubst, dass du die Angst vor einem Leben ohne den geliebten Menschen nicht überwinden kannst und in ein tiefes Loch stürzt, halte einen Moment inne und versuch zu begreifen, dass das Geschehene einen Sinn hat. Lass das Problem los, das du in deinem Geist erschaffen hast, lass es fließen, und wenn du es am wenigsten erwartest, wirst du verstehen, was du aus der Situation lernen sollst.

Angst vor dem Verlust der Annehmlichkeiten

Es gibt viele Menschen, deren Partner untreu sind, sie missbrauchen, misshandeln, beleidigen, verspotten und sogar ihre Freiheit einschränken. Doch weil sie ihre finanzielle, gesellschaftliche und berufliche Sicherheit – ihre „Annehmlichkeiten" – nicht aufs Spiel setzen wollen, entscheiden sie sich, sich selbst zu belügen, spielen den Schmerz herunter und bleiben weiter an der Seite dieses Partners.

Das ist eine sehr typische Situation bei Paaren, deren Beziehung auf gegenseitiger finanzieller Abhängigkeit beruht. Normalerweise findet man dies häufiger bei Frauen, die, aus Angst vor dem Verlust der Annehmlichkeiten oder der Befriedigung ihrer grundlegenden Bedürfnisse und der ihrer Kinder, ihre Existenz opfern und ein Leben in Einsamkeit, Bitterkeit, Angst und Verzweiflung vorziehen. Diese Menschen versuchen mit allen Mitteln, ihren Schmerz zu verbergen, indem sie sich ständig belügen und ihre Handlungen rechtfertigen.

Neben den Ängsten, die eine Liebesbeziehung in uns weckt, auf die wir unser Glück gegründet haben, können wir Ängste durchleben, die von unseren materiellen und ideologischen Anhaftungen verursacht werden.

Welche Ängste erleben wir bei materiellen Anhaftungen? Die Angst vor dem Verlust unserer Annehmlichkeiten und unserer gesellschaftlichen Position; vor dem Verlust der Quelle unseres materiellen Wohlstands und nicht genug Geld für die Zukunft zu haben; vor dem Verlust unserer Freunde.

Welche Ängste haben wir bei ideologischen Anhaftungen? Die Angst, im Unrecht zu sein und zugeben zu müssen, dass man sich geirrt hat. Die Angst vor Schuld und Sünde, wenn man gegen eine religiöse Vorschrift verstößt. Die Angst vor Verlust von Macht, Prestige und Ansehen. Wenn du dich heute nicht entscheidest, dich deinen Ängsten mutig, verantwortungsvoll und bewusst zu stellen, wirst du morgen leider Zeit opfern müssen für den Versuch, wie ein Feigling, den Klauen deiner Ängste zu entfliehen, die dich entweder in eine tiefe Depression stürzen können oder in einen solch bedauernswerten Zustand, wie du ihn dir niemals hast träumen lassen.

Ein Mönch, der vom inneren Frieden predigte und von der Tugend, sich nicht durch äußere Ereignisse aus der Ruhe bringen zu lassen, wurde einmal von Freunden zu einem Picknick aufs Land eingeladen. Sie waren es satt immer die gleichen Reden zu hören und hatten eine Falle vorbereitet, um sich über ihn lustig zu machen und ihm eine Lehre zu erteilen.

Auf dem Weg zu dem Ort, an dem ihm zu Ehren ein schmackhaftes Bankett vorbereitet wurde, sagten sie zu ihm, er solle immer dem Rauch folgen, denn sie selbst müssten noch einmal umkehren, weil sie die Getränke und das Eis im Auto vergessen hätten. Sie sagten ihm, er solle allein weitergehen und sie würden bald nachkommen. Diese Leute hatten sich drei abgerichtete Kampfhunde besorgt und sie lange Zeit in der Nähe angekettet gehalten. Als sie sahen, dass der Mönch alleine war, gaben sie dem Hundetrainer das Zeichen, dass er die Hunde loslassen sollte. Die Hunde rannten in Windeseile mit glühenden Augen und Schaum vor dem Maul auf den Mönch zu. Als er sie sah, atmete er tief ein, sah ihnen fest in die Augen und rannte mit großer Geschwindigkeit auf sie zu. Als die Hunde den Mönch auf sich zulaufen sahen, blieben sie wie angewurzelt stehen und nahmen ängstlich Reißaus.

Die Erklärung war ganz einfach. Die Hunde waren zur Verfolgung und zum Angriff abgerichtet worden, aber nicht dazu, selbst gejagt zu werden, und der einzige Mensch, der sie je gejagt hatte, war der Hundetrainer, wenn er sie schlagen und bestrafen wollte, aber das wusste niemand.

Die Urheber des Plans waren völlig verblüfft, gingen auf den Mönch zu und fragten ihn in vorgetäuschter Sorge, wie er es geschafft habe, die Hunde zu verjagen. Ruhig entgegnete er ihnen:

„Meine lieben Schüler, wenn ihr Angst habt, dann schaut der Angst ins Auge und lauft ihr mit aller Kraft entgegen, dann wird das Gespenst der Angst sofort verschwinden."

Unsere Gedanken, Gefühle und Emotionen erkennen

„Damit ein Gedanke deine innere Welt verändern und verwandeln kann, gibt es eine Vorbedingung: Du musst ihn zunächst wahrnehmen."

Wenn du einen klaren, blauen See betrachtest, wird sich die ganze Umgebung im Wasser spiegeln. Ebenso sind unsere Gefühle die natürliche Widerspiegelung unserer Gedanken.

Tag für Tag gehen dir Tausende von Gedanken durch den Kopf, die meisten unbewusst und immer wieder, und sie sind zu allem Übel negativ, denn sie sind durchsetzt mit Vorstellungen, die sich auf Angst gründen. Im Allgemeinen fließen diese Gedanken in einer normalen Geschwindigkeit, aber ein schlimmes äußeres Ereignis kann sie beschleunigen, und dann kreisen sie Tag und Nacht um dasselbe Problem. Das hat zur Folge, dass der Mensch sich körperlich, geistig und spirituell aufreibt.

In dem Moment, in dem du dich mit einem negativen Gedanken zu beschäftigen beginnst, tauchen Gefühle auf, und sobald du sie wahrnimmst, ist auch deine innere Welt verändert und aufgewühlt. Deshalb ist es wichtig, dass du dir die Gedanken bewusst machst, die durch deinen Kopf kreisen, denn dann erkennst du sofort, welche dich traurig, ängstlich oder ärgerlich machen. Wenn du diesen Gedanken freien Lauf lässt, ohne jegliche Kontrolle, bemächtigen sie sich deines Geistes. Wenn du sie nicht veränderst oder ersetzt, haben sie eine direkte Wirkung auf deine Gefühle und Emotionen.

Da du in deinem Kopf tausend Gedanken aus unterschiedlichen Quellen hast, ist es schwierig, genau die zu erkennen, die dafür verantwortlich sind, dass du dich schlecht fühlst. Daher liegt die einfachste Art, unsere Gedanken zu erkennen, darin, unsere Emotionen aufmerksam zu beobachten. Sie leiten dich und helfen dir zu sehen, was für Dinge du anziehst. Es gibt Emotionen, bei denen wir uns gut fühlen (Freude, Frieden, Hoffnung etc.), und andere, bei denen wir uns schlecht fühlen (Traurigkeit, Schuld, Wut, Angst etc.). Wenn du etwas verlierst, an dem du sehr gehangen hast, sind deine Emotionen negativ, und du fühlst dich schlecht. Das bedeutet, dass deine Emotionen dich leiten und dir sagen, dass das, was du in diesem Moment denkst und fühlst, nicht zu dem passt, was du eigentlich willst. Das ist ein Zeichen, dass du deine Denkweise ändern musst.

Wenn Anhaftung im Spiel ist, gibt es im Allgemeinen zwei Arten von Gedanken, die uns Schmerz bereiten:
• Gedanken über die Vergangenheit: Die meisten dieser Gedanken sind Erinnerungen, die in die Gegenwart geholt werden und die Wehmut und Schmerz hochkommen lassen. Manchmal geraten wir in einen Teufelskreis, in dem wir unbewusst pausenlos die gleichen Gedanken aus der Vergangenheit hin und her wälzen, und wir zermürben uns emotional, ohne zu wissen warum.
• Gedanken über die Zukunft: Sie haben im allgemeinen mit Sorge, Furcht und Angst vor Einsamkeit oder Verlust zu tun.

Um einen Gedanken ändern oder ersetzen zu können, musst du verstehen, dass er sich auf eine falsche oder verkehrte Überzeugung gründet, weil er dir Schmerz bereitet. Du musst verstehen, dass der Gedanke oder das Gefühl in dir sind und nicht in der Wirklichkeit oder in der äußeren Welt. Es gibt nichts und niemanden auf der Welt, das oder der die Macht oder die Kraft hat, dich unglücklich oder glücklos machen kann – aber das weißt du nicht oder willst es nicht wahrhaben, denn ein Leben lang hat man uns das Gegenteil beigebracht.

Du hast die Macht, zu wählen und zu entscheiden, was du in deinem Leben ändern möchtest. Wenn du einmal verstehst, dass diese negativen Gedanken und Gefühle auf falschen Überzeugungen beruhen, wenn du diese erkennst und ersetzt, kannst du die Realität hinter dem Gedanken sehen und ihn bewusst ändern. Identifiziere dich nicht mit dem Gefühl, denn es gehört dir nicht. Glaub nicht, dass dein Wesen so ist, nur weil du dieses Gefühl hast. Du bist nicht das Gefühl. Achte sorgsam auf deine Worte und sag nicht „Ich bin depressiv, ich bin traurig", denn dann wirst du das entsprechende Gefühl anziehen. Du solltest auch nicht sagen „Ich bin nicht depressiv, ich bin nicht traurig", denn das Gehirn verarbeitet kein Nein, und deshalb wirst du Depression und Traurigkeit anziehen. Du musst verstehen, dass du weder die Depression noch die Traurigkeit bist, denn beide sind einfach emotionale Zustände, die du in dem jeweiligen Moment erlebst. Konzentriere dich stattdessen auf positive geistige Bilder. Wenn du fröhlich, glücklich und ruhig sein willst, musst du in deinem Geist lebendige Bilder erstehen lassen, die diese Zustände reflektieren.

Folglich ist es wichtig zu verstehen, dass das, was wir als Probleme bezeichnen, in Wahrheit keine sind. Es sind einfach Gebilde unseres Geistes als Antwort auf ein Ereignis, das uns missfallen hat, weil es unseren vorgefertigten Überzeugungen zuwiderlief. Auch wenn du es nicht glauben willst, du hast keine Probleme, du denkst nur, dass du welche hast. Das eigentliche Problem entsteht, wenn du dich mit dem identifizierst, was dein Geist erschaffen hat, und das ist der Moment, in dem du zu leiden beginnst.

An einem Abend gingen zwei Mönche spazieren. Sie beteten und dachten nach. Als sie an einen Fluss kamen, den sie überqueren mussten, näherte sich ihnen eine kleine Frau, die sie bat, ihr über den Fluss zu helfen. Einer der beiden bot sich sofort an zu helfen, während der andere sie missbilligend ansah. Der Erste nahm die Frau auf seine Schultern und setzte sie, nachdem er den Fluss durchquert hatte, auf der anderen Seite ab. Die Frau bedankte sich glücklich und ging fort. Die zwei Mönche setzten ihren Spaziergang fort, und der Mönch, der nicht einverstanden gewesen war, sagte zu dem anderen. „Warum hast du die Frau auf deinen Schultern getragen? Weißt du etwa nicht, dass man uns im Kloster den Kontakt mit Frauen verboten hat?" Sein Weggefährte erwiderte nichts. Sie gingen weiter und der Mönch fragte weiter, aber der andere Mönch antwortete einfach nicht. Als sie schon am Kloster ankamen, fragte er noch einmal, und schließlich antwortete der andere: „Seit mehr als vier Stunden ist die Frau nicht mehr in der Nähe meines Kopfes, aber in deinem ist sie weiterhin. Was hast du davon, wenn du dich quälst, indem du Dinge aus der Vergangenheit in deinem Geist bewahrst? Was hast du davon, wenn du Dinge in deinem Geist bewahrst, die dir zu schaffen machen?"

Also frage ich dich: Warum suchst du immer bei anderen die Schuld, wenn du dir deine Probleme selbst erschaffen hast? Wenn du Frieden suchst, wandele du dich und versuch nicht, die anderen zu ändern. Es ist leichter, Schuhe anzuziehen, als die ganze Welt mit Teppich auszulegen. Warum also sollen wir uns ständig über Dinge den Kopf zerbrechen, die sich nicht ändern lassen? Der Regen ist nass und die Sonne heiß. Das sind Tatsachen, die man nicht ändern kann. Schön, wenn man gut über dich redet. Wenn man schlecht über dich redet, ist es auch in Ordnung. Das lässt sich nicht ändern. Du hast keine Kontrolle darüber. Ärgere dich nicht über Dinge, die außerhalb deiner selbst liegen, denn wenn du dich darauf konzentrierst und sie negativ sind, ziehst du diese Dinge an.

Auch wenn es dir schwerfällt, dies zu verstehen: Was du als Problem bezeichnest, ist eine Gelegenheit zu wachsen. Es gibt immer zwei Seiten: Du kannst mit den Augen der Liebe und einem offenen Geist schauen, ohne dich zu identifizieren und zu leiden, oder mit den Augen der Furcht und Angst, und dich mit der Situation identifizieren und leiden. Du hast zwei Möglichkeiten, das Problem zu lösen: eine Lösung zu suchen, falls es denn eine gibt, oder die Dinge einfach fließen zu lassen, wenn es keine Lösung gibt.

Und zu guter Letzt: Sorge dich nicht, wenn in deinem Geist weiterhin negative Gedanken und Gefühle aufsteigen, denn sie machen dich lediglich aufmerksam, dass du dich noch in einem geistigen Dämmerzustand befindest. Daher sind sie also nützliche Werkzeuge, um dein Bewusstsein zu erwecken.

Schmerz verstehen

„Schmerz ist ein Freund, der sich gegen dich wenden kann, wenn der Geist ihn für sich gewinnt und ihn in Leid verwandelt."

Im Laufe meines Lebens habe ich Schmerz häufig in seinen vielfältigen Formen erfahren und in zahllosen, unterschiedlichen Situationen das schreckliche Leid anderer Menschen miterlebt. Ich spürte tiefen Schmerz, als die Frau starb, die ich über alles liebte; Schmerz, als ich zusehen musste, wie mein bester Freund während einer Entführung vor meinen Augen ermordet wurde; Schmerz durch die Untreue, die Verachtung und den Betrug der Frau, die ich liebte; Schmerz, als ich sah, wie meine Tochter Alejandra von einer Rutschbahn fiel und ich dachte, sie würde sterben; Schmerz durch Kritik, das Urteil und das erbarmungslose Getuschel von Leuten, die wussten, dass sie im Unrecht waren; Schmerz, als ich meine Enkelin Agustina hilflos auf der Intensivstation um ihr Leben ringen sah und den Kummer meines Sohnes Esteban darüber miterlebte; Schmerz, verursacht durch Kälte beim Aufstieg zu einem Kloster im Himalaya und durch vierzig Tage Fasten und Stille in Tibet. Ich spürte tiefen Schmerz darüber, Kinder in stinkenden Abwasserkanälen leben zu sehen; Schmerz dabei, Zeuge zu werden, wie Kinder mit Benzin übergossen und angezündet oder aus nächster Nähe erschossen wurden; Schmerz, als ich in einem reißenden Abwasser in einem Abwasserkanal stand, zwei Kinder an den Händen hielt und entscheiden musste, welches ich loslassen sollte, damit wir nicht alle drei sterben müssen; Schmerz, als ich Weihnachten 1973 zusehen musste, wie ein unschuldiges Straßenkind von einem Lastwagen überrollt und getötet wurde, weil es eine leere Puppenschachtel, die mitten auf der Straße lag, aufheben wollte.

Wenn ich meinem Geist erlaubt hätte, lange Zeit an diesem Schmerz in meinem Herzen und an vielen anderen Schmerzen, die ich im Laufe des Lebens erfahren habe, festzuhalten, hätten sie sich in großes Leid verwandelt oder wahrscheinlich zu einer tiefen Depression geführt.

Deshalb betone ich so oft, dass es wichtig ist, dass wir das Leben aus dem Seinszustand der Bewusstheit heraus erfahren, der die Kraft hervorbringt, die wir brauchen, um aus Liebe zu handeln und nicht aus Angst, denn Angst ist der Zustand von Unbewusstheit, in dem das Leid alles beherrscht.

Aber die Menschen haben Angst vor Schmerz und sehen ihn als großen Feind. Sie versuchen ihn zu ignorieren oder widersetzen sich ihm, ohne sich bewusst zu sein, dass er dadurch größer wird und sich in Leid verwandelt.

Es gibt einen großen Unterschied zwischen Schmerz und Leid. Schmerz hat vielfältige Ursachen (biologische, physische, gesellschaftliche, kulturelle, religiöse usw.), aber egal um welche Art es sich handelt, der Schmerz ist einfach da. Leid existiert nur in deinem Geist; es resultiert aus der Art, wie dein Geist den Schmerz, den er fühlt, interpretiert. Es ist die Wirkung, niemals die Ursache.

Wenn du läufst, fühlst du, wie sich dein Herzschlag beschleunigt. Wenn du dann plötzlich einen Schmerz in der Brust fühlst, so ist das ein Alarmsignal deines Körpers, das dich veranlassen soll, langsamer zu laufen oder auch anzuhalten. Es handelt sich um eine natürliche Vorsichtsmaßnahme deines Körpers. Wenn du dem Schmerz keine Bedeutung beimisst, wirst du wahrscheinlich ein größeres Problem bekommen, möglicherweise Schwindel oder

Übelkeit oder gar einen Herzinfarkt. Abhängig von deiner Wahrnehmung in der jeweiligen Situation wirst du diese Warnsignale möglicherweise unterschiedlich interpretieren. So kannst du etwa das Gefühl haben, dass du sterben wirst, und große Angst bekommen, was den Schmerz noch verstärkt; oder du entscheidest dich, tief zu atmen, dich zu beruhigen und zu denken, dass alles wieder gut wird. Es liegt in deiner Macht, die Wahl zu treffen.

Auf der Intensivstation eines Krankenhauses lagen zwei Patienten, die starke Schmerzen hatten. Ungeachtet seiner großen Schmerzen beschrieb der Patient, der am Fenster lag, seinem Zimmernachbarn die spektakuläre Landschaft draußen. Er verbrachte Stunden damit, ihm die kleinsten Details zu schildern: wie die Enten ihre Flügel öffneten, um über den wunderbaren blauen See zu gleiten, und wie die Kinder unermüdlich hinterherrannten und versuchten, sie zu fangen. Er beschrieb ihm den Anblick von Liebespaaren, die Hand in Hand um den See spazierten. Manchmal beschrieb er auch die prächtigen Farben des Abendhimmels und die Sonne, die in den See eintauchte. All diese Beschreibungen brachten seinem Zimmernachbarn Linderung und Freude.

So vergingen Wochen, bis eines Tages der Patient am Fenster tot in seinem Bett lag. Der andere Patient war schockiert und tief betrübt, als man den Leichnam seines Freundes abholte und das Bett leer war, und er bat mit gebrochener Stimme die Krankenschwester, ihn in das Bett seines geliebten Freundes zu verlegen.

Man kam seinem Wunsch nach und er wurde in das andere Bett am Fenster gelegt. Das hob seine Stimmung und er bat die Schwester, das Rückenteil des Bettes zu verstellen, damit er den Sonnenuntergang am See sehen könne, den ihm sein Freund so oft anschaulich beschrieben hatte. Erstaunt fragte die Schwester: „Von welchem See und von welchem Sonnenuntergang sprechen Sie? Von diesem Fenster schaut man auf die schmutzige alte Mauer des Gebäudes gegenüber." Er entgegnete: „Das kann nicht sein. Bitte stellen Sie mein Rückenteil hoch, denn mein Freund beschrieb mir immer so liebevoll und detailliert die schönen Dinge, die er da draußen sah." Noch erstaunter sagte die Schwester: „Das ist ganz unmöglich, denn bei seinem Unfall verlor Ihr Freund sein Augenlicht." Mit Tränen in den Augen wurde dem Mann noch deutlicher, was für einen Liebesdienst ihm sein Freund geleistet hatte, als dieser trotz seiner eigenen großen Schmerzen immer liebevoll versucht hatte, ihn von seinen Schmerzen abzulenken und sie auf diese Weise so zu mildern, dass sie sich nicht in Leid verwandelten.

Wenn man einmal absieht von der Botschaft der Geschichte: Der Patient, der starb, wusste nicht, dass er intuitiv eine der wirkungsvollsten und machtvollsten vedischen Techniken zum Umgang mit Schmerz und der Verhinderung von Leid benutzt hatte.

Im Westen ist unser Denken so eng und so fest in unseren Überzeugungen verwurzelt, dass wir uns oftmals jeder noch so kleinen Anspielung auf eine spirituelle Lösung für den Umgang mit Schmerz und Leid komplett verschließen. Man kann mit körperlichem und emotionalem Schmerz auf dieselbe Art und Weise umgehen. Das habe ich auf einer meiner Reisen nach Tibet gelernt. Aufgrund eines Unfalls zwei Monate zuvor in Südindien hatte ich starke Schmerzen in einer meiner Rippen. Als mein Lehrer sah, wie ich mich quälte, kam er zu mir und sagte, mein Schmerz sei nicht wirklich, sondern reine Einbildung. Ich erwiderte erstaunt: „Was sagst du da? Siehst du nicht, dass ich mich vor Schmerzen winde und kaum laufen kann?" Ich dachte, er sei völlig verrückt, zuckte mit den Schultern und maß seinen Worten keine weitere Bedeutung bei. Er kam ganz nah, legte mir die rechte Hand auf die Schulter, sah mir in die Augen und sagte: „Du bist nicht der, der leidet. Wer leidet ist der Mensch, der du zu sein glaubst. Es ist ausgeschlossen, dass du leidest." Ich verstand überhaupt nicht, was er mir sagen wollte oder worauf er sich bezog, denn der Schmerz ließ mich nicht zur Besinnung kommen.

Ich ertrug den Schmerz noch ein paar Tage, bis er wieder zu mir sagte: „Ich verstehe deine skeptische Haltung und deinen Zweifel. Du hast das Recht so zu denken und in dem Zustand zu bleiben, in dem du dich befindest. Wenn du aber deinen Geist und dein Herz öffnest und mir in Stille zuhörst, ohne mich so sehr infrage zu stellen, wirst du sehen, dass dein Schmerz verschwindet."

Da atmete ich tief ein, beruhigte mich und hörte, was er zu sagen hatte. Er sagte mir: „Hör auf, den Schmerz als deinen Feind zu betrachten und ihm Widerstand zu leisten. Sieh ihn als treuen Freund, der dir sagen will, dass etwas in deinem Körper nicht stimmt. Versuch dir seine Form und seine Erscheinung vorzustellen. Spür seine Intensität und versuch, wenn du tief durch die Nase einatmest, den Schmerz zusammenzuziehen, und weite ihn aus, wenn du langsam durch den Mund ausatmest. Fühl, wie der Schmerz sich nach oben und nach unten bewegt, zu einer Seite und zur anderen. Schau ihn dir zuletzt von außen an, als wärst du ein Beobachter."

Dank seiner Worte weiß ich seitdem, dass die Kraft des Heilungsprozesses in der stillen, positiven, kontinuierlichen und konzentrierten Beobachtung deines Geistes liegt. Du musst eine klare und deutliche Vorstellung davon haben, dass du gesund wirst, dann wird dein kreativer Geist ganz still die Vorkehrungen treffen, die notwendig sind, damit deine Heilung schneller geht. Das lernen wir tagtäglich von der Natur. Beobachte wie ein Samenkorn langsam keimt, Wurzeln bildet, zu einer Pflanze wird und schließlich blüht. Du musst gar nichts tun, nur zuschauen. Langsam geht der Wachstumsprozess vonstatten. So wie die Natur musst du nur einfach die Dinge zulassen, ohne Anstrengung, ohne Anspannung – dann wirst du frei von dem, was dir soviel Schmerz bereitet oder dich so stört.

Wege zu einem höheren Bewusstsein

In dem Maße, wie du dich in dein Bewusstsein vertiefst, befreist du dich und gelangst zu vollkommenem inneren Frieden.

Du hast wahrscheinlich schon einige Fesseln entdeckt, die dich einschränken und daran hindern, dein Leben voll zu genießen. Du fragst dich möglicherweise, wie du dich davon befreien kannst, um in Freiheit zu lieben, deinen inneren Frieden wiederherzustellen und wahres Glück zu finden.

Wenn du deine Wahl und deine Entscheidungen immer auf dieselbe Art und Weise triffst, wenn dein Verhalten immer gleich ist und die Ergebnisse dir bis heute nur Trauer und Leid gebracht haben, bedeutet dies, dass du dein Denken verändern, andere Entscheidungen treffen und entschlossener, willensstärker und bewusster handeln musst. Das wird dir erlauben, die Fesseln abzuwerfen, die dich gefangen halten, denn wenn du dich weiter wie bisher verhältst und erwartest, dass ein Glücksfall deine Situation ändert, ist die Aussicht nicht sehr gut.

Um zu einem höheren Bewusstsein zu gelangen, musst du deinen Geist öffnen und bereit sein, neue Dinge zu lernen und dein Wissen zu erweitern. Die Lösung ist ganzheitlich. Du musst harmonisch und ausgewogen an deinem Körper, deinem mentalen Geist und deinem spirituellen Geist arbeiten.

Tausende von Menschen, die Depressionen aufgrund von Anhaftungen haben, wenden sich an mich; sie sind verzweifelt und auf der Suche nach einer Lösung. Ich schlage ihnen einen einfachen Arbeitsplan sowohl für ihren Körper als auch ihren mentalen und spirituellen Geist vor, der nicht nur auf meiner Erfahrung beruht, sondern auf der Erfahrung von zahlreichen Menschen, die diesen Plan umgesetzt und damit hervorragende Ergebnisse erzielt haben.

Diesen allgemeinen Aktionsplan kannst du deinen Bedürfnissen, deinem Geschmack und deinen Dringlichkeiten anpassen. Es handelt sich um einen Tagesplan, den du an mindestens 21 aufeinanderfolgenden Tagen anwenden musst, bis er zur Gewohnheit geworden ist. Und ich empfehle dir, ihn danach für den Rest deines Lebens beizubehalten, denn er wird dir nicht nur helfen, dass du im Gleichgewicht bleibst, sondern auch dass dein Herz auf Schritt und Tritt Freude verströmt.

Der Körper

Unser Körper ist der Verbindungsfaden zum Leben. Wenn der Körper stirbt, hört auch das Leben auf. Er macht es möglich, dass wir uns mithilfe der Sinne mit dem Außen und mithilfe des Geistes mit dem Inneren verbinden können. Dein Körper ist ein Tempel, in dem Gott wohnt, und deshalb musst du ihn zu einem angenehmen, sauberen, gesunden Ort machen. So wie du deinen Körper behandelst, wird auch dein Leben sein.

Es ist unmöglich, Körper und Geist zu trennen. Wenn du deinen Körper pflegst, wird auch dein Geist gesund sein, und wenn du sorgsam mit deinem Geist umgehst, profitiert auch dein Körper davon. Erinnere dich daran, dass du das fühlst, was du denkst. Wenn du Gedanken von Groll hegst, wird dein Körper sehr wahrscheinlich diesen Groll in Gastritis, Geschwüre, Magenprobleme, Rücken- oder Kopfschmerzen, Nervosität oder in besonders schlimmen Fällen in Magenkrebs umwandeln.

Deshalb musst du als Erstes dafür sorgen, dass du dem Körper das gibst, was er braucht, um gesund zu sein und einen guten Blutkreislauf und genug Energie zu haben. Beherzige diese drei Empfehlungen: ausgewogene Ernährung, tägliche körperliche Betätigung und Fasten.

• Ausgewogene Ernährung: Prüfe, ob es Nahrungsmittel gibt, die deinem Körper nicht gut tun, weil er sie nicht verdauen oder richtig verwerten kann. Du musst kein Vegetarier oder fanatischer Anhänger von Diäten werden. Natürlich wird dein Körper den Nutzen spüren, wenn in deinem täglichen Leben Gemüse, Obst und gesunde Nahrungsmittel überwiegen. Nimm, wenn du kannst, naturbelassene Nahrungsmittel ohne chemische Zusätze in deinen Speiseplan auf. Der Erfolg liegt in der Ausgewogenheit, denn Extreme sind schädlich.

• Tägliche körperliche Betätigung: Es ist wichtig, dass du dich täglich ausreichend bewegst, wenn möglich früh morgens. Ich empfehle, dass diese Routine 40 Minuten dauert. Falls du morgens keine Zeit hast, richte es so ein, dass du es im Laufe des Tages oder abends machen kannst.

- Fasten: Faste 24 Stunden, in denen du nur Wasser trinkst, um dich von Giftstoffen zu befreien, die seit Jahren in deinem Körper sind, und um deine Willenskraft zu stärken. Teile das Essen, das du in dieser Zeit nicht isst mit einem Menschen, der auf der Straße lebt und Hunger hat. Wiederhole dieses Fasten nach Möglichkeit alle sechs Monate. Solltest du Diabetes haben oder dir Insulin spritzen, darfst du nicht fasten, du kannst aber weniger Nahrung zu dir nehmen.

Der mentale Geist

Du kannst lernen, dich mithilfe deines Geistes selbst zu beobachten. Das heißt, du beobachtest dich und dein Umfeld täglich so oft wie möglich, als wärst du ein Außenstehender (Zweiter Wahrnehmungsstandpunkt, s. S. 47). Die Selbstbeobachtung wird dich dazu führen, dein Leben bewusst zu leben. Weil du selbst der Urheber und Schöpfer deines Schicksals bist, wirst du dein Leben mehr genießen können. Dazu brauchst du aber Disziplin und du musst die Selbstbeobachtung zu einer täglichen Gewohnheit machen. Langfristig wird dir dies große Befriedigung geben.

Wenn es dir gelingt, die Selbstbeobachtung in dein Leben zu integrieren, wirst du beginnen bewusst zu denken, zu sprechen und zu handeln. Dieses Zusammenspiel deines Sprechens, Denkens und Handelns wird dich zu innerer Befreiung führen. Du hörst auf konditioniert, programmiert und mechanisch zu leben und beginnst im Glanz und Zauber der Liebe zu leben, die ganz natürlich aus deinem Bewusstsein aufsteigt. Wenn du anfängst dich selbst zu beobachten, solltest du verschiedene Punkte beachten, die im Folgenden erörtert werden:

Dein Verhältnis zur Welt

Beobachte, wie dein Verhältnis zur Welt ist, denn es kann einer der Gründe für dein Leiden sein. Nimm dir Zeit, zu analysieren, wie das Ego dein Leben bestimmt. Das ist dein ureigener, innerer Prozess. Pass dabei also auf, dass du dich nicht selbst täuschst. Du musst dir genügend Zeit nehmen und in die Tiefe gehen, denn du brauchst Geduld und eine gute Selbstkenntnis, um das Ego zu entlarven. Es wird versuchen, dich zu täuschen und dich daran zu hindern, die Dinge klar zu sehen. Glaubst du, dass das Ego dein Leben bestimmt? Um das zu beantworten, solltest du über folgende Fragen nachdenken:

Dreht sich in deinem Leben alles um das Haben?

_____

_____

_____

Folgst du im Leben immer anderen? Kopierst und ahmst du gesellschaftliche Vorbilder nach, um dich nicht schlecht zu fühlen?

_____

_____

_____

Erwartest du immer Lob und Anerkennung von deinem gesellschaftlichen oder kulturellen Umfeld oder einer Gruppe, die gerade in ist?

_____

_____

_____

Sind Prestige, Macht und Anerkennung so wichtig in deinem Leben, dass es dir nichts ausmacht, wenn du darüber deinen Seelenfrieden verlierst?

_____

_____

_____

Erfährst du Angst, Schmerz oder Leid augrund von äußeren Bedingungen, die sich deiner Kontrolle entziehen?

_____

_____

_____

Hast du einen unstillbaren Drang, dich mit anderen zu messen?

_____

_____

_____

Vergleichst du dich ständig in allen möglichen Lebensbereichen mit anderen?

_____

_____

_____

Musst du immer Recht haben, auch in deiner Partnerschaft?

_____

_____

_____

Erinnerst du andere ständig daran, was du bis heute erreicht und vollbracht hast?

_____

_____

_____

Glaubst du, Erfolg ist gleichbedeutend mit Geld, Macht und Ansehen?

_____

_____

_____

Fühlst du dich anderen überlegen, weil du besser aussiehst, teure Kleidung trägst oder das neueste Automodell fährst?

_____

_____

_____

Dein Verhältnis zu anderen Menschen

Wenn du immer darauf wartest, dass andere dich anerkennen und dir sagen sollen, dass du gut bist, sei auf der Hut und mach die Augen auf, denn du steuerst auf eine Falle zu: Das nächste Mal, wenn dich jemand kritisiert, wird es dir schlecht gehen.

Machst du dein Glück von einem anderen Menschen abhängig?

_____

_____

_____

Suchst du immer nach Schuldigen, wenn du frustriert bist?

_____

_____

_____

Versuchst du mit allen Mitteln, Anerkennung von Menschen zu bekommen, die dich ablehnen oder kritisieren?

_____

_____

_____

Vergleichst du dich ständig mit deinem Partner oder mit anderen Menschen?

_____

_____

_____

Bist du glücklich, wenn man dir schmeichelt und unglücklich, wenn du kritisiert oder geringschätzig behandelt wirst?

_____

_____

_____

Emotionen und Gedanken, die dein Leben bestimmen

Du musst erkennen, welche Art von Gedanken und Emotionen du hast: ob sie negativ oder positiv sind und ob sie dich gut oder schlecht fühlen lassen. Immer wenn du eine störende oder quälende Emotion hast, beobachte und versteh sie einfach, denn sie ist dein treuer Wegweiser, der dir den Weg beleuchtet und dir zeigt, was dein Geist denkt und daher anzieht.

Zunächst musst du deinen Körper beobachten, denn er ist das Fahrzeug, das dein Leben lenkt. Du musst lernen, alle seine Bewegungen und Gesten zu beobachten, und bald wirst du merken, dass du aufhörst Dinge zu tun, die du unbewusst bisher tatest. Entspann dich und spür, wie dein Körper leichter und gelöster wird. Tanz zum Rhythmus deines Körpers, hör die leise Musik, die aus deinem Herzen kommt. Halte dann inne und betrachte deinen Geist, deine Gedanken. Sie sind viel schneller als dein Körper. Nimm Papier und Bleistift und notiere mit der Hand, die du normalerweise nicht zum Schreiben benutzt, alle Gedanken, die dir in den Sinn kommen. Mach das fünf Minuten lang. Notiere danach erneut alle Gedanken, aber jetzt mit der Hand, mit der du immer schreibst. Lies anschließend das Geschriebene in Ruhe durch. Auf diese Weise wird dir bewusst, was in deinem Geist geschieht. Du wirst verstehen, was deinen Geist beherrscht und was dein Herz bewegt. Wenn du ganz bewusst hinschaust, wirst du feststellen, dass du nicht diese Gedanken bist; erst wenn du dich mit ihnen identifizierst, werden sie ein Teil von dir.

Du musst lernen, die Gedanken zu erkennen, die in deinem Geist entstehen, denn dein Leben spiegelt dein Denken wider. Wenn deine Gedanken positiv sind, ist dein Leben schön und fröhlich. Sind deine Gedanken aber überwiegend negativ, wird dein Leben entsprechend traurig und deprimierend sein. Deshalb ist es ausgesprochen wichtig, die Gedanken zu analysieren und negative durch positive zu ersetzen. Wenn dein Körper und dein Geist sich in Harmonie befinden, gelangst du schnell in einen Zustand der Ruhe und des Friedens. Versuch diese Übung täglich zu machen, sodass du die Gewohnheit entwickelst, deine Gedanken zu erkennen und zu ersetzen. Das Wichtigste ist, dass du dich daran gewöhnst, deine Aufmerksamkeit auf die positiven Gedanken zu lenken, die du dir wünschst. Das können zum Beispiel Gedanken der Liebe, der Güte, des Friedens, der Freude, der Fülle und des Glücks sein, denn das ist es, was ab heute in dein Leben kommen wird. Bekräftige deine neuen Gedanken laut, sprich sie aus, verkünde sie, fühl sie. Schließ die Augen und nimm sie mit allen Sinnen wahr.

Glaubenssätze, die dir schaden und zu Anhaftung führen
Wenn du durcheinander bist, musst du die Wurzel dieser Emotion aufsuchen, denn dort ist der Ursprung des Leidens. Du wirst feststellen, dass hinter deiner Verwirrung immer ein Glaubenssatz steht, der auf Angst basiert. Beobachte deine Sucht aufmerksam: Woher kommt sie und weshalb kannst du nicht ohne diese Quelle deines Triebes leben (Glaubenssatz)? Wenn du den Glaubenssatz erkennst, der hinter der Sucht steht, solltest du ihn beobachten, verstehen und durch eine neue Überzeugung ersetzen, die dich

von der Unbewusstheit befreit, die dir so viel Leid und Schmerz verursacht. Wenn du die Glaubenssätze entdecken willst, die dein Leben nachteilig beeinflussen, musst du dich in deine Kindheit und Jugend zurückversetzen und dir ehrlich deine Entwicklung im familiären, sozialen und schulischen Umfeld anschauen. Das erfordert Zeit und du musst dies so gründlich und systematisch wie möglich tun. Ergründe, welche der folgenden Glaubenssätze tatsächlich auf dich zutreffen:

Glaubenssätze in Bezug auf dein Land und deine Stadt:

_____

_____

_____

Religiöse Glaubenssätze:

_____

_____

_____

Gesellschaftliche Glaubenssätze:

_____

_____

_____

Glaubenssätze zum Thema Geld:

_____

_____

_____

Glaubenssätze aus den gesellschaftlichen Kreisen, in denen du aufgewachsen bist:

_____

_____

_____

Politische Glaubenssätze:

_____

_____

_____

Kulturelle Glaubenssätze:

_____

_____

_____

Glaubenssätze über deine Eigentümlichkeiten:

_____

_____

_____

Ängste, die dein Leben bestimmen

Wir müssen die Ängste erkennen, die uns ständig quälen, uns einschränken und daran hindern, das Leben in seiner Fülle zu leben. Um die Ängste zu erkennen, musst du deine Emotionen analysieren, denn sie sind die Wegweiser, die dich an die Wurzel deiner Ängste führen. Wenn du die Ängste erkannt hast, die normalerweise auf vielfältigen Glaubenssätzen beruhen, hast du die Ausgangsbasis, um mithilfe der Werkzeuge – kreative Visualisierung, Meditation und Dienst am Nächsten –, die ich dir später erklären werde, das Gespenst der Angst zu konfrontieren und zu besiegen. Nimm dir Zeit, denn je ehrlicher, aufrichtiger und tiefer deine Antworten sind, umso größer ist die Wirkung auf dein Wohlergehen.

Erkenne die Ängste vor dem Verlust der Person, an die du dich klammerst.

_____

_____

_____

Erkenne die Ängste vor dem Verlust der Dinge, die dir wichtig sind.

_____

_____

_____

Erkenne die Ängste, aufgrund derer du dich an bestimmte Ideologien (politische, religiöse, sexuelle etc.) klammerst.

_____

_____

_____

Hinter jeder Ausrede steckt eine Angst. Schau dir die Ausreden an, die dein tägliches Leben bestimmen, und du wirst die Ängste dahinter erkennen.

_____

_____

_____

Erkenne den Schmerz und überwinde ihn

Schließ die Augen und setz dich ganz entspannt hin. Streck und entspann die Füße, Hände, den Nacken, deinen ganzen Körper. Spüre mögliche Quellen für Unbehagen auf, die dir eventuell Schmerz verursachen oder dein Gleichgewicht stören. Geh mit deiner ganzen Aufmerksamkeit dorthin und ignoriere sie nicht, denn sonst wird dein Bewusstsein immer wieder dort hin gelenkt. Ignoriere die Zeichen des Körpers nicht, erkenne sie. Lass deine Ängste los. Ein leichter Schmerz erschreckt uns, und wenn wir dieser Angst nachgeben, können wir die natürliche Reaktion unseres Körpers nicht erkennen. Schau, wo das Unbehagen sitzt, erkenne und spüre es, identifiziere es weder mit Schmerz noch mit Leiden, lass diese Konditionierung der Vergangenheit los. Schmerz ist etwas völlig anderes als Leiden; Leiden ist ein mentaler Vorgang, es ist deine Interpretation des Schmerzes, den du fühlst. Schmerz selbst ist neutral.

Betrachte Schmerz nicht als deinen Feind, sondern als Wegweiser, als treuen Freund, der dich darauf hinweist, dass es an der Zeit ist, eine Entscheidung zu treffen und Veränderungen einzuleiten. Schließ die Augen für einen Moment und lass dein Bewusstsein und deine Gedanken frei kreisen, wo auch immer sie hingehen mögen; gib diesem Gefühl jetzt deine ganze Aufmerksamkeit.

Schau, woher es kommt und in welchem Organ deines Körpers du es spürst. Nimm es ganz genau wahr, ohne Angst. In diesem Augenblick leiten deine höhere Intelligenz und dein göttliches Bewusstsein den inneren Heilungsprozess ein. So einfach wie damals, als du ein Baby warst. Wenn dir etwas wehtat oder dich störte, weintest du, und sofort war deine Mutter mit ihrer ganzen Aufmerksamkeit bei dir. Augenblicklich hörtest du auf zu weinen und warst wieder ruhig. So funktioniert auch dein Körper. Wenn du ihm Aufmerksamkeit schenkst und dich entscheidest, dich zu entspannen und loszulassen, wirst du ruhig und deine Heilung beginnt, denn jede deiner Zellen hat ihre eigene Intelligenz.

Wenn du die Gedanken, Gefühle und Emotionen erkannt hast, die dich quälen, such dir einen Ort in der Natur, wo es einen Baum gibt. Zieh die Schuhe aus und bleib ungefähr 15 Schritte von dem Baum entfernt stehen. Sieh ihn dir an und geh dann langsam auf ihn zu. Wenn du ihn erreichst, umarme ihn mit deinen Armen und Füßen, vergegenwärtige dir die Gedanken und Gefühle, die dich so quälen und übergib sie dem Baum. Sag laut und mit geschlossenen Augen alles, was du fühlst, und bleib so, bis du spürst, dass du dich von der negativen Energie befreit hast. Der Baum hat so eine starke energetische Anziehungskraft, dass er sogar die gewaltige Kraft eines Blitzes anzieht. Mit seinem Anziehungsfeld hilft er uns, unsere Energie zu verwandeln und umzugestalten. Wenn du das Gefühl hast, dass es dir besser geht, bedank dich bei dem Baum dafür, dass er deine Last übernommen hat, und behalte ihn in deiner Erinnerung als einen treuen Freund, der immer für dich da ist, dir seine Früchte schenkt, seinen Schatten, seinen Duft und seine Energie, wann immer du sie brauchst.

Spezifische Lösungen für jeden Einzelfall

Menschen reagieren unterschiedlich auf äußere Ereignisse, die zu Anhaftungen führen können. Als Nächstes werden wir einen Plan erstellen, anhand dessen du Schritt für Schritt beobachten kannst, was du fühlst und denkst, damit du siehst, verstehst und begreifst, dass der Schmerz, den du fühlst, nichts anderes ist, als ein Produkt deines Geistes.

• **Probleme in der Partnerschaft**

1. **Schau dir an, was in deinem Inneren passiert.** Notiere eine Zeit lang in einem Heft alle Dinge, die auf deinen speziellen Fall und deine Situation zutreffen.

a. **Benenne das Problem, das du identifiziert hast.** Beispiel: Mein Partner war mir untreu und hat mich wegen einer anderen Person verlassen.

b. **Identifiziere die stärkste Emotion, die von dem, was du fühlst, in dir ausgelöst wird.** Beispiel: Wut, weil du dich betrogen fühlst.

c. **Identifiziere das Gefühl, das in dir hochsteigt, wenn du daran denkst, dass dein Partner dich verlassen hat.** Beispiel: Ich kann nicht allein leben. Das Leben macht keinen Sinn (Angst).

d. **Identifiziere den Gedanken, der dich quält.** Beispiel: Warum war der Mensch mir untreu, wenn ich ihm doch all meine Liebe gegeben habe. Ich hasse ihn.

e. **Identifiziere den Glaubenssatz, der hinter all deinen Gefühlen steht.** Beispiel: Eine Ehe oder eine Liebesbeziehung basieren auf Treue bis zum Tod. Von dem Moment an, von dem ich mit dem anderen Menschen zusammen bin, gehört er zu mir.

2. **Erlebe alles – die Gedanken, die Emotion, das Gefühl, den Glaubenssatz – in deinem Herzen so intensiv wie möglich, gehe bis an deine Grenze.** Hab keine Angst vor dem Schmerz, den dies auslösen mag.

3. **Konzentriere deine ganze Aufmerksamkeit auf die Ursache dieses Schmerzes.**

4. **Beobachte jetzt die Gedanken, Gefühle und Emotionen von einem Standpunkt außerhalb deiner selbst.** Stell dir vor, sie sind auf einer Kinoleinwand und du betrachtest sie von deinem Platz aus, ohne dich beteiligt zu fühlen, ohne dich damit zu identifizieren. Du betrachtest sie einfach und lässt sie fließen und an dir vorbeiziehen. Auf diese Weise beginnst du, dich von dem Schmerz zu lösen und wirst sehen, dass all diese Gedanken einzig und allein aus deinem Geist kommen, der unter dem Einfluss des Egos steht. Lass dann zu, dass diese Schöpfung deines Geistes sich auflöst und verschwindet, lass sie frei, lass sie los. Begreife, dass du nicht diese Emotion oder dieses Gefühl oder dieser Schmerz bist. Betrachte einfach nur alles und lass es sich auflösen. Die einzige Art, wie du einen Menschen aus deinem Leben entfernen kannst, ist, ihn so zu sehen, wie er ist und nicht wie ihn dein Geist erschaffen hat. In diesem Moment siehst du die Wirklichkeit, weil du verstehst, was vor sich geht. Wenn dies vorüber ist, ist auch der Mensch aus deinem Leben verschwunden.

5. **Von heute an, immer wenn der destruktive Gedanke an deinen Partner wieder in deinem Geist auftaucht, sprich laut eine Affirmation und ersetze den negativen Gedanken durch sein positives Gegenstück.** Lass diesen Gedanken natürlich aus deinem Herzen aufsteigen, basierend auf Liebe und nicht auf Furcht. Zum Beispiel: „Ich bin glücklich und freue mich, meine Freiheit leben zu können." Wiederhole diesen Satz dreimal laut, immer wenn das negative Gefühl in dir hochkommt. Beginne, dich als ein Wesen des Lichts, der Liebe, des Friedens und des Glücks zu sehen. Nimm die törichten Gedanken zur Kenntnis, an die du dich gewöhnt hattest und lass sie ziehen. Von nun an sei dir bewusst, dass solche dummen Gedanken wie Wasser sind und du wie ein Boot, das auf dem Meer fährt. Pass auf, dass das Wasser nicht in deinen Rumpf eindringt.

6. **Immer wenn die Erinnerung an den Menschen kommt, vergrößere seine Schwächen und verkleinere gleichzeitig seine Stärken.** Auf diese Weise wird dein Bedürfnis, bei ihm zu sein, immer kleiner, denn du verstehst, wie die Dinge in Wirklichkeit sind, die du vorher nicht wahrhaben wolltest.

7. **Versetz dich zurück in die Zeit, bevor du diesem Menschen begegnet bist, der dir so viel Kummer bereitet.** Geh in die Zeit, als dein Leben normal verlief, ohne diesen Schmerz und den Kummer, den du jetzt spürst. Warst du ruhig und heiter? Warst du zufrieden mit allem, was du damals hattest? Du wirst wieder Ruhe und Frieden finden und du wirst die guten Momente wieder erleben.

8. **Beobachte und genieße den Frieden, der bei dir einzieht, dadurch, dass du nicht weiter in Abhängigkeit lebst und unangenehme, frustrierende Situationen erdulden musst.**

• **Wenn ein geliebter Mensch stirbt**

1. Schau dir an, was in deinem Inneren passiert. Notiere eine Zeit lang in einem Heft alle Dinge, die auf deinen speziellen Fall und deine Situation zutreffen.

a. **Benenne das Problem.** Beispiel: Der Mensch, den ich geliebt habe, ist gestorben und hat mich allein gelassen.

b. **Identifiziere die Emotion.** Beispiel: Angst vor Einsamkeit.

c. **Identifiziere das Gefühl.** Beispiel: Ich kann und will nicht allein leben.

d. **Identifiziere den Gedanken (je nach Situation kann jeder Mensch einen anderen Gedanken haben).** Beispiel: Warum musste er/ sie vor mir sterben und hat mich allein gelassen?

e. **Identifiziere den Glaubenssatz.** Beispiel: Um glücklich zu sein, brauch ich jemanden an meiner Seite. Ich kann nicht allein alt werden.

2. Erlebe alles – die Gedanken, die Emotion, das Gefühl, den Glaubenssatz – **in deinem Herzen so intensiv wie möglich, gehe bis an deine Grenze.** Hab keine Angst vor dem Schmerz.

3. Konzentriere deine ganze Aufmerksamkeit auf die Quelle dieses Schmerzes.

4. **Beobachte jetzt die Gedanken, Gefühle und Emotionen von einem Standpunkt außerhalb deiner selbst.** Stell dir vor, sie sind auf einer Kinoleinwand und du betrachtest sie von deinem Platz aus, ohne dich beteiligt zu fühlen, ohne dich damit zu identifizieren. Du betrachtest sie einfach und lässt sie fließen und an dir vorbeiziehen. Auf diese Weise beginnst du, dich von dem Schmerz zu lösen und wirst sehen, dass all diese Gedanken einzig und allein aus deinem Geist kommen, der unter dem Einfluss des Egos steht. Lass dann zu, dass diese Schöpfung deines Geistes sich auflöst und verschwindet, lass sie frei, lass sie los. Begreife, dass du nicht diese Emotion oder dieses Gefühl oder dieser Schmerz bist. Betrachte einfach nur alles und lass es sich auflösen.

5. **Von heute an, immer wenn der destruktive Gedanke an den Verstorbenen/die Verstorbene wieder in deinem Geist auftaucht, sprich laut eine Affirmation und ersetze den negativen Gedanken durch sein positives Gegenstück.** Lass diesen Gedanken natürlich aus deinem Herzen aufsteigen, basierend auf Liebe und nicht auf Furcht. Zum Beispiel: „Ich bin glücklich, denn obwohl sein/ihr Körper nicht mehr bei mir weilt, so ist doch sein/ihr Geist in meinem Herzen und erhellt meinen Weg." Wiederhole diesen Satz dreimal laut, immer wenn das negative Gefühl in dir hochkommt.

Beginne, dich als ein Wesen des Lichts, der Liebe, des Friedens und des Glücks zu sehen. Nimm die törichten Gedanken zur Kenntnis, an die du dich gewöhnt hattest und lass sie ziehen. Von nun an sei dir bewusst, dass solche dummen Gedanken wie Wasser sind und du wie ein Boot, das auf dem Meer fährt. Pass auf, dass das Wasser nicht in deinen Rumpf eindringt.

6. **Denk dir Fragen aus, die dir helfen, aus deinem Zustand der Unbewusstheit zu erwachen und dir klar zu werden, dass du unbewusst warst.** Was habe ich davon, wenn ich leide, mich von der Welt abschotte und trauere? Warum bin ich so stolz und selbstbezogen und akzeptiere Gottes Willen nicht?

7. **Versetze dich zurück in die Zeit, bevor du diesem Menschen begegnet bist, der gestorben ist, in die Zeit, als dein Leben normal verlief, ohne diesen Schmerz und den Kummer, den du jetzt spürst.** Warst du ruhig und heiter? Warst du zufrieden mit allem, was du damals hattest? Du wirst wieder Ruhe und Frieden finden und du wirst die guten Momente wieder erleben.

8. **Schreibe einen Brief an den geliebten Menschen, in dem du alle Gefühle und Emotionen zum Ausdruck bringst, die du unterdrückt hast und von denen du dich befreien willst.** Schreib ihm alle Dinge, die du ihm zu Lebzeiten gern gesagt hättest, und es doch nicht getan hast, und auch die Dinge, die du jetzt fühlst, da der Mensch nicht mehr bei dir ist. Zünde eine Kerze an und verbrenn den Brief. Bitte Gott währenddessen, dich von deinem Schmerz zu befreien und dir zu helfen, wieder Ruhe und Frieden zu finden.

9. **Egal wie deine Überzeugungen sind, leg noch heute die Trauerkleidung ab und zieh wieder frohe Farben an.** Geh an neue Orte und such Erneuerung. Tu Dinge, die du schon immer machen wolltest und nicht getan hast, um der Person zu gefallen, die jetzt nicht mehr bei dir ist. Hol deine Träume zurück und versuch, sie in die Tat umzusetzen. Tu dies mit Zuversicht, Leidenschaft und Liebe; allmählich wird wieder deine innere Kraft zurückkommen.

• **Wenn man an materiellen Dingen haftet**

1. **Schau dir an, was in deinem Inneren passiert.** Notiere eine Zeit lang in einem Heft alle Dinge, die auf deinen speziellen Fall und deine Situation zutreffen.

a. **Benenne das Problem.** Beispiel: Man hat mich entlassen, ich bin arbeitslos und habe kein Geld.

b. **Identifiziere die Emotion.** Beispiel: Angst vor der Zukunft.

c. **Identifiziere das Gefühl.** Beispiel: Ich habe das Gefühl, dass mein Leben ins Wanken gekommen ist.

d. **Identifiziere den Gedanken** (je nach Situation kann jeder Mensch einen anderen Gedanken haben). Beispiel: Ohne diesen Job schaffe ich es nicht. Ich weiß nicht, was ich arbeiten soll.

e. **Identifiziere den Glaubenssatz.** Beispiel: Ohne Geld bin ich unglücklich, ohne Geld bin ich ein Niemand.

2. **Erlebe alles** – die Gedanken, die Emotion, das Gefühl, den Glaubenssatz – **in deinem Herzen so intensiv möglich, gehe bis an deine Grenze.** Hab keine Angst vor dem Schmerz.

3. **Konzentriere deine ganze Aufmerksamkeit auf die Quelle dieses Schmerzes.**

4. **Beobachte jetzt die Gedanken, Gefühle und Emotionen von einem Standpunkt außerhalb deiner selbst.** Stell dir vor, sie sind auf einer Kinoleinwand und du betrachtest sie von deinem Platz aus, ohne dich beteiligt zu fühlen, ohne dich damit zu identifizieren. Du betrachtest sie einfach und lässt sie fließen und an dir vorbeiziehen. Auf diese Weise beginnst du, dich von dem Schmerz zu lösen und wirst sehen, dass all diese Gedanken einzig und allein aus deinem Geist kommen, der unter dem Einfluss des Egos steht. Lass dann zu, dass diese Schöpfung deines Geistes sich auflöst und verschwindet, lass sie frei, lass sie los. Begreife, dass du nicht diese Emotion oder dieses Gefühl oder dieser Schmerz bist. Betrachte einfach nur alles und lass es sich auflösen.

5. **Von heute an, immer wenn der destruktive Gedanke an deine materielle Situation wieder in deinem Geist auftaucht, sprich laut eine Affirmation und ersetze den negativen Gedanken durch sein positives Gegenstück.** Lass diesen Gedanken natürlich aus deinem Herzen aufsteigen, basierend auf Liebe und nicht auf Furcht. Zum Beispiel: „Ich bin dankbar für die schönen und einfachen Dinge, die ich in diesem Moment habe. Ich bin ein Wesen des Lichts, der Liebe und der Fülle. Das Universum bietet mir unerschöpfliche Möglichkeiten." Wiederhole diesen Satz dreimal laut, immer wenn das negative Gefühl in dir hochkommt.

6. **Nimm dir Zeit, um in Ruhe und ohne Angst über deine kurzfristigen Ziele nachzudenken.** Stell dir vor, welche Stelle du gern hättest und wie du noch Geld verdienen könntest. Dir steht ein breiter Fächer von Möglichkeiten zur Verfügung. Du musst nur deine Fähigkeiten, Qualitäten und Kenntnisse erforschen.

7. Zeichne auf ein Blatt Papier alles, was du erreichen möchtest, und erarbeite dir einen chronologischen Aktionsplan mit konkreten, kurzfristigen Zielen.

8. Stell dir in allen Einzelheiten vor, was du erreichen möchtest (später werden wir näher auf die Techniken der kreativen Visualisierung eingehen). Fühle, erfahre und erlebe es mit all deinen Sinnen, als ob du es schon erreicht hättest. Schließ die Augen und mach dir ein lebendiges Bild davon. Stell dir vor, was du tun wirst, wenn du es erreicht hast. Stell dir den konkreten Tag vor, deine Familie, deine Freunde, dein gesamtes Umfeld etc.

Der spirituelle Geist

Wenn du die bisherigen Schritte gegangen bist, hast du schon einige Sprossen auf dem Weg zur Spiritualität erklommen. Um aber zu einem höheren Bewusstseinszustand zu gelangen, einem Zustand, in dem du wahre Liebe, erneuernden Frieden und göttliches Licht findest, musst du mit deinem spirituellen Geist arbeiten. Kreative Visualisierung und Meditation sind die Werkzeuge, die deine Entwicklung auf diesem Feld voranbringen. Was das Ganze potenziert und dir wirklich hilft, dich zu entwickeln, zu wachsen und voranzukommen, ist der liebende Dienst am Nächsten und an allem, was dich umgibt, ohne dafür Gegenleistung zu erwarten. Egal was für Glaubenssätze du hast, um die Spiritualität auf wirklich tiefe, authentische und einfache Weise zu leben, ist es wichtig, dass du die oben beschriebenen Werkzeuge zu Lebensgewohnheiten machst. Das wird dir die Stärke geben, die du brauchst, damit sich der Geist frei und spontan in Form deiner Gedanken, Worte und Taten äußern kann.

Um auf diesem Gebiet zu wachsen solltest du:

• Täglich die kreative Visualisierung anwenden – als dein wichtigstes Werkzeug, mit dem du deine Welt veränderst und die Dinge anziehst, die du dir wünschst.

• Die Meditation zu einem grundlegenden Bestandteil deiner täglichen Aktivitäten machen, um das Leben voll und ohne Anhaftungen leben zu können.

• Jeden Tag eine Liebestat an deinen Nächsten tun oder an Personen, die leiden – ohne dafür eine Gegenleistung zu erwarten.

Im Folgenden findest du eine nähere Erläuterung dieser Werkzeuge, sodass du sie, sobald du sie in dich aufgenommen und verstanden hast, in die Tat umsetzen und dir einen Plan machen kannst, der speziell auf deine Bedürfnisse und Fähigkeiten zugeschnitten ist.

Die kreative Visualisierung

„Durch Visualisierung kannst du das erreichen, was du für dein Leben wünschst." Ich benutze die Technik der kreativen Visualisierung seit meiner Jugend. Sie besteht darin, die Vorstellungskraft zu benutzen, um das zu erschaffen und zu erreichen, was man im Leben will und sich vom Leben wünscht. Auch du hast sie wahrscheinlich schon häufig benutzt, ohne es allerdings zu wissen. Deshalb möchte ich dir erklären, wie unser Geist funktioniert und wie er die kreative Visualisierung nutzt, um unsere eigene Wirklichkeit zu erschaffen.

Wir müssen bedenken, dass unser Leben von zwei Wirklichkeiten beeinflusst wird: einerseits durch alles, was in der äußeren Welt passiert, das heißt alle Konditionierungen und Reize, die durch unsere fünf Sinne auf uns einströmen, und andererseits durch alles, was einzig und allein in unserem Inneren geschieht. Diese zweite Wirklichkeit bestimmt unser Verhalten, unsere Handlungen und Reaktionen und kann uns unsere emotionale Freiheit rauben oder schenken. Das liegt daran, dass unser Gehirn nicht zwischen realen Ereignissen und eingebildeten unterscheidet. Es ist wichtig zu verstehen, dass unser Gehirn der Zentraleinheit eines Computers gleicht, die alle Funktionen unseres Körpers kontrolliert, sowohl die bewussten (Sprechen, Gehen, Singen etc.) als auch die unbewussten (Atmung, Verdauung, Herzschlag etc.).

Neben den körperlichen Funktionen bestimmt das Gehirn auch unsere Reaktionen auf Ereignisse. Allerdings kann das Gehirn nicht unterscheiden zwischen Wirklichkeit und Phantasie. Das bedeutet, dass du, wenn du einen Kinofilm siehst und dich mit der Handlung identifizierst, die gleichen Gefühle von Schmerz, Traurigkeit, Freude und Ruhe erfahren kannst wie im richtigen Leben. Das Gehirn unterscheidet also nicht zwischen einem tatsächlichen und einem eingebildeten Ereignis und es beantwortet beide Reize auf die gleiche Weise. Das heißt, dass es für unser Gehirn dasselbe ist, ob sich tatsächlich etwas Unangenehmes in unserem Leben ereignet oder wir uns nur vorstellen, dass es passieren wird. Das Gehirn befiehlt dem Körper einfach, angemessen darauf zu reagieren. Das ist der Grund, warum uns Stress so mitnimmt und so viele Krankheiten verursacht.

Das Gehirn befiehlt nicht nur dem Körper entsprechend zu reagieren, sondern programmiert auch ein Verhaltensschema, das, je nach dem für welches Verhalten wir uns entscheiden, positive oder negative Auswirkungen auf unser Leben zeitigt. Der Schlüssel und die Macht der kreativen Visualisierung liegen darin, dass uns das Gehirn, wenn wir eine innere Wirklichkeit erschaffen, automatisch eine entsprechende Verhaltensrichtlinie gibt, die uns zu bestimmten Ergebnissen führt. So hängt es also einzig und allein von uns ab, durch unsere Gedanken die Wirklichkeit zu erschaffen, die wir uns wünschen. Daher ist es von enormer Wichtigkeit, dass du deine bewussten und unbewussten Gedanken beobachtest, denn wenn deine Gedanken negativ sind, sind es auch deine Emotionen und dementsprechend dein Verhalten. Und wenn deine Gedanken positiv sind, wenn es Gedanken des Friedens, der Fülle und der Liebe sind, wirst du auch Positives ernten.

Aus diesem Grund ist es wichtig, dass du dir der Gedanken, die du über deine Vergangenheit, Gegenwart und Zukunft hast, bewusst bist, denn egal, ob du dich an schon da gewesene Momente erinnerst oder dir zukünftige vorstellst, du aktivierst dabei eine Gedankenkette, die diese Wirklichkeit anzieht und erschafft.

Du solltest dich also ab sofort in kreativer Visualisierung üben, um das für die Zukunft anzuziehen, was du dir wünschst, und zu verändern, was du bis heute erschaffen hast.

Der Zauber der kreativen Visualisierung lässt uns bewusster werden und hilft uns, unsere Vorstellungskraft zu entdecken und zu nutzen, um ein geistiges Bild oder eine lebendige Vorstellung von dem zu erschaffen, das wir uns wünschen. Wenn wir uns beständig auf dieses Bild, diese Vorstellung oder diese Empfindung konzentrieren, füllen wir sie fortwährend mit positiver Energie, bis sie schließlich zur Wirklichkeit wird. Unser Ziel kann verschiedener Natur sein: körperlicher, mentaler, emotionaler oder spiritueller. Die kreative Visualisierung kann genutzt werden, um Glück, Erfüllung, Gesundheit, gute Beziehungen oder eine befriedigende Arbeitsstelle zu finden, oder um uns so ausdrücken zu können, wie wir sind, oder sogar um eine grundlegende innere Wandlung unserer eigenen Welt zu vollziehen, damit der spirituelle Geist wachsen und bewusster werden kann.

Die kreative Visualisierung hilft uns, die Prinzipien und natürlichen Gesetze zu verstehen und wertschätzen zu lernen, die unser Universum bestimmen, und sie befähigt uns, diese Prinzipien bewusster, phantasievoller und schöpferischer zu nutzen und damit die Fülle in unser Leben zu holen.

Du kannst die kreative Visualisierung nicht benutzen, um das Verhalten anderer zu steuern oder sie Dinge gegen ihren freien Willen tun zu lassen. Das Geschenk, das die kreative Visualisierung für uns bereithält ist, dass sie uns in die Lage versetzt, unsere inneren Begrenzungen und unsere Ängste und Zweifel zu beseitigen, die dem natürlichen Bewusstseinszustand unseres Seins, der Liebe, entgegenstehen. Dann können wir uns als freie Menschen verwirklichen und den anderen unsere besten Seiten zeigen.

Diese Technik ist sehr einfach aber sehr effektiv:

• Mach es dir bequem und beobachte deine Atmung eine Minute lang.

• Vergiss die negativen Gedanken und die unangenehmen Dinge in deinem Leben. Lass Ängste und Zweifel los.

• Konzentrier dich und fertige eine Liste der einfachen, kleinen Dinge an, die Gott und das Leben dir geschenkt haben. Danke dafür. Konzentrier dich besonders auf deine Qualitäten und Begabungen. Finde etwas, das dir in diesem Moment Ruhe und ein gutes Gefühl gibt.

• Benutze deine gesamte Vorstellungskraft und Kreativität, um dir ein lebendiges, farbenfrohes und anschauliches Bild von dem zu machen, was du erreichen willst. Nimm dieses Bild mit allen Sinnen wahr: riech es, berühr es, fühl es, betrachte es.

• Mal das Bild, das du dir vorstellst, oder schneide ein Foto aus einer Zeitschrift aus, das ihm entspricht. Trag das Bild immer bei dir oder befestige es an einem Ort, wo du es häufig sehen kannst.

• Schließ die Augen und platziere das Bild in den Raum zwischen deinen Augenbrauen, dem Stirnchakra. Versuch, dir alle seine Details einzuprägen. Öffne die Augen und vergleiche die Details mit dem Bild, das du gemalt hast.

• Bitte die höhere Macht oder die Energie, an die du glaubst, aus tiefstem Herzen um das, was du dir wünschst.

- Reise in die Zukunft. Fühl mit all deiner Leidenschaft und Kraft, dass du das, was du möchtest, schon erreicht hast. Stell dir den Moment vor, in dem du es erreichst. Stell dir den Ort vor, die Menschen, das Wetter etc.

- Komm fröhlich, zufrieden und glücklich in den gegenwärtigen Moment zurück. Lass die Dinge fließen. Klammere dich nicht an das, was du dir gewünscht hast, sonst wirst du leiden. Wenn du dich daran klammerst, nimmst du dem Universum die Gelegenheit, es dir zu schenken. Genieß weiterhin die Dinge, die du im Hier und Jetzt hast. Es gibt immer etwas Schönes, an dem du dich erfreuen kannst, während du auf etwas Besseres wartest.

- Du musst vollkommen offen und empfänglich sein und deine Intuition benutzen, damit du die Zeichen des Universums erkennen kannst. Wenn du spürst, dass die Dinge sich in deinem Leben zu verwirklichen beginnen, musst du mit Überzeugung handeln. Du musst vollkommen sicher sein, dass dein Wunsch sich erfüllen wird.

Das Wichtigste in diesem Prozess sind deine Gefühle, denn sie bestimmen, wie du deine Gedanken verstehst und lenkst. Diese Praxis solltest du täglich und mit steigendem Bewusstsein ausführen, je öfter, desto besser. Dieser Prozess wird einige Zeit in Anspruch nehmen, bis du ihn beherrschst, daher musst du ihn dir zur Gewohnheit machen. Das Wichtigste dabei ist, jeden Schritt auf dem Weg zur Verwirklichung deines Traums zu genießen, den Zauber des Lebens zu spüren, während du dich in diesem Prozess befindest. Du darfst nichts wünschen, das gegen die Wünsche und den freien Willen anderer Menschen geht.

Der Erfolg bei der Visualisierung wird sich dann einstellen, wenn du es schaffst, dich immer auf das Positive zu konzentrieren, das du in dein Leben holen möchtest. Du musst auf der gleichen Frequenz sein und in Übereinstimmung mit dem, was du verwirklichen willst. Wenn deine Gedanken und Gefühle in der gleichen Frequenz schwingen, wie das, was du erreichen willst, wirst du es anziehen. Wenn du positiv denkst, wenn du glücklich bist und deine Wunschvorstellung von deinem Leben voller Leidenschaft, Liebe und Dankbarkeit ist, wirst du dich wunderbar fühlen, und dann wirst du genau das auch bekommen. Wenn etwas Negatives auf dich zukommt, ersetze es augenblicklich durch das von dir geschaffene positive Bild.

Du kannst die kreative Visualisierung anwenden, um eine grundlegende innere Wandlung deiner Welt zu vollziehen, damit der spirituelle Geist wachsen kann und dein Bewusstsein sich erweitert.

Ein Mann bat einmal einen spirituellen Lehrer um Rat, wie er Frieden und Glück erlangen könne. Der Lehrer sagte zu ihm: „Such das Glück mehr im Geben als im Nehmen, mehr in deinem Inneren als im Außen." Der Schüler kam kurze Zeit später zurück, um dem Lehrer mitzuteilen, dass er jetzt zwar glücklicher sei, aber immer noch nicht das vollkommene Glück gefunden habe. Der Lehrer schlug ihm vor, das Glück in guten zwischenmenschlichen Beziehungen zu suchen, anstatt in vielen Besitztümern, und mehr in den kleinen Dingen, die Gott und das Leben ihm geschenkt hatten, als in großen und komplexen. Wieder kam der Schüler zurück und sagte, er sei noch nicht richtig glücklich. Der Lehrer lud ihn zu einer Meditation und einem reinigenden Bad im Fluss ein. Nach der Meditation gingen sie an den Fluss, und als der Schüler nicht aufpasste, griff ihn der Lehrer und tauchte seinen Kopf mit aller Kraft unter Wasser. Der junge Mann versuchte mit allen Mitteln, sich zu befreien, aber der kräftige Lehrer hielt ihn mit aller Kraft unter Wasser. Schließlich, als dem Schüler schon die Luft auszugehen drohte, gelang es ihm, sich zu befreien und er tauchte auf, um nach Luft zu schnappen. Der Lehrer baute sich vor ihm auf, lächelte ihn an und beobachte ihn, wie er mit aller Kraft nach Luft rang, dann sagte er: „Mein lieber Schüler, wenn du die Suche nach dem Glück oder die Verwirklichung eines Ziels oder Traums mit der gleichen Anstrengung betreibst und dich dabei auf die guten Dinge konzentrierst, die du hast oder anstrebst, so wird dein Leben voller Frieden sein und das Glück wird in deinem Inneren wohnen."

Meditation macht dich frei

„Meditation ist eine Gabe, mit der wir alle geboren werden. Du hast die Fähigkeit, sie zu entwickeln und anzuwenden." Schon als Kind war die natürliche und spontane Meditation ein fester Bestandteil meines Wachstums und meiner Entwicklung. Auch wenn es widersinnig erscheinen mag, so muss ich mich dafür bei einem Lehrer meiner Schule bedanken, der mich immer damit bestrafte, dass ich stundenlang in einem Kiefern- und Eukalyptuswäldchen allein sein musste, während meine Klassenkameraden fröhlich nach Hause gehen konnten. Mein Lehrer hätte sich wohl nie träumen lassen, das diese Strafe, die mir Furcht vor der Einsamkeit einflössen sollte, vor den Tieren des Waldes, dem Butzemann, der bösen Stiefmutter oder bösartigen Kobolden, mich dazu bringen würde, die wunderbare Gabe der Meditation zu entfalten.

Mit neun Jahren wurde ich das erste Mal in den Wald geschickt. Ich war voller Angst und ich wäre am liebsten sofort weggelaufen. Aber das konnte ich nicht, weil mein Lehrer, um sicher zu stellen, dass ich nicht flüchten konnte, am Eingang des Wäldchens saß und „Pielrojas" rauchte, Zigaretten ohne Filter. Er hatte mich gewarnt, dass ich noch viel länger dort bleiben müsste, falls ich versuchte, mich der Strafe zu entziehen.

Da ich keine andere Wahl hatte, entschloss ich mich zu genießen, was ich dort sah, und wie jedes andere Kind hatte ich den Instinkt, auf die Bäume zu klettern. Auf diese Weise entdeckte ich meine Lieblingskiefer, auf der ich viele Stunden verbrachte: Der Stamm teilte sich in zwei Hauptäste und bildete so etwas wie ein Hochbett. Dort machte ich es mir bequem, und die Höhe gab mir Ruhe und das Gefühl der Macht über meine Ängste und die Gefahren, vor denen mich der Lehrer gewarnt hatte. Ich erfreute mich am Duft des Baumes, begann zu beobachten und nachzusinnen und tat absolut gar nichts dabei. Mit der Zeit wurde dieser Baum meine Zuflucht und mein heiliger Ort. Ich begann, mich nach diesem wunderbaren Ort zu sehnen, wo ich vollkommenen Frieden und Harmonie verspürte. Ich fühlte meinen Geist ganz still und ruhig werden, ohne zu wissen, dass sich das Meditation nannte, denn in den fünfziger Jahren wurden die wenigen Menschen, die Meditation praktizierten, als Exzentriker und Fanatiker oder Anhänger gottloser Sekten verschrien.

Ich erinnere mich an einen Moment, in dem die Zeit stillzustehen schien: Ich verspürte ein unbeschreibliches Gefühl, ich schien in der Luft zu schweben und sah meinen Körper zugleich unter dem Baum; ich sah ein gleißendes Licht, das ich nie zuvor gesehen hatte und das nicht in meine Welt gehörte. Ich erwachte erschrocken, stieg in Windeseile vom Baum und rannte zu meinem Lehrer, um ihm davon zu erzählen. Der Lehrer sagte mit einem ironischen Lächeln: „Jaramillo, dieses Licht ist der Teufel, der erschienen ist, um dich in die Hölle zu holen, weil du so albern bist und dich so schlecht benimmst." Von Angst erfüllt kam ich nach Hause und erzählte alles meiner Oma Estercita, die damals auf uns aufpasste, sich um uns kümmerte und uns liebte. Sie war wie eine zweite Mutter. Sie sagte: „Söhnchen, lass uns den Rosenkranz beten." Mit meiner Angst betete ich den Rosenkranz zum ersten Mal so inbrünstig, konzentriert und bewusst, wie ich es nie zuvor getan hatte. Als ich meinen Eltern davon erzählte, glaubten sie mir nicht und dachten, es wäre eine Lüge, eine Übertreibung oder eine meiner verrückten Ideen. Auch meinen Freunden erzählte ich die Geschichte, und einer von ihnen brachte mir ein paar Monate später ein Buch, das er aus der Bibliothek seines Vaters entwendet hatte. Es hieß „Der silberne Faden" von Lobsang Rampa. Dieses Buch beruhigte mich, denn ich verstand, dass ich nicht dem Teufel oder etwas Ähnlichem begegnet war. Anhand dieses Buches verstand ich, dass der spirituelle Geist mithilfe des Atems und der Geisteskonzentration aus dem Körper treten und Schmerz und andere körperliche Einschränkungen überwinden kann.

Von da an wurde die Meditation zu einem festen Teil meines Lebens, und ihr habe ich es zu verdanken, dass ich das Leben immer genießen konnte und sogar in den düstersten, schwierigsten und gefährlichsten Momenten nie meinen inneren Frieden verloren habe, nicht einmal, als ich entführt und mein Freund vor meinen Augen ermordet wurde. So habe ich diese Kunst in drei Jahrzehnten an Tausende von Menschen vermittelt, damit sie sie angemessen anwenden und eine tiefe Veränderung in ihrem Leben herbeiführen können.

Es ist wichtig zu wissen, dass die Meditation eine Gabe ist, mit der wir alle geboren werden. Es steht in deiner Macht, sie zu entwickeln und deinen Bedürfnissen entsprechend anzuwenden. Das Problem ist, dass man uns als Kinder beibringt, „reif" zu werden und aufzuhören, „kindisch" zu sein und nicht über unsinnige Dinge zu staunen, und man zwängt uns in starre, absurde Normen. Diese starren Verhaltensnormen lassen uns den Blick für das Wesentliche verlieren und reißen uns aus dem ursprünglichen meditativen Zustand, den wir als Kinder hatten.

Auf der ganzen Welt, wenn immer ich die Gelegenheit dazu hatte, meine Erfahrungen weiterzugeben, habe ich über das Thema des Leidens als Folge von Anhaftungen gesprochen und die Meditation als natürliches und einfaches Werkzeug empfohlen, das uns seit Anbeginn der Schöpfung zur Verfügung steht, um dieses Leiden zu überwinden. Manchmal führt das zu Kontroversen, besonders unter den Fanatikern unterschiedlicher Religionen und Kulturen, die aufgrund ihrer Glaubenssysteme eine sehr begrenzte Sichtweise haben.

Viele Menschen glauben, dass sie auf die Welt gekommen sind, um zu leiden, und ihre Religionen bekräftigen dies. In Wahrheit hat Gott dich in die Welt geholt, damit du glücklich bist und deine Liebe und deinen inneren Frieden mit den Wesen teilst, die dich umgeben. Der einzige Weg, Leiden zu überwinden, ist der durch Meditation, denn durch sie wirst du zu einem verlässlichen Zeugen dessen, was in deiner inneren Welt geschieht. Auf die gleiche Weise wie die Strahlen der Sonne deine äußere Umgebung erhellen, bringt die Meditation deine wunderbare innere Welt, in der die Liebe wohnt und dein Wesen zu Hause ist, zum Leuchten und zum Strahlen.

In diesem neuen Jahrhundert erleben wir das Erwachen eines kollektiven Bewusstseins und eine große Suche nach Spiritualität, und zwar hauptsächlich deshalb, weil es immer schwieriger scheint, die Liebe, den inneren Frieden sowie die Harmonie zwischen Körper, mentalem und spirituellem Geist zu erlangen. Diese Suche resultiert aus unserer großen inneren Leere und Angst, die entstehen, weil wir alle Energien darauf konzentrieren, zu haben, zu besitzen und zu manipulieren. Momentan werden sich viele Menschen im Westen bewusst, welchen Nutzen ihnen die Meditation bringen kann, und sie beginnen, diese Praxis in ihr Leben einzubinden.

Wahrscheinlich hast du irgendwann einmal von Meditation gehört, aber dich aus verschiedenen Gründen nicht weiter damit befasst. Einerseits wurde uns gesagt, dass sie mit Religion zu tun hat und ihre Ausübung nicht gern gesehen wird, oder man sagt uns, Meditation werde nur von Buddhisten oder Asiaten praktiziert und passe nicht in unsere Kultur. Manchmal sehen wir auch Menschen, die Mantras rezitieren und in seltsamen, unbequemen und unsinnigen Positionen sitzen, die wir nicht verstehen und die uns deshalb veranlassen, uns darüber lustig zu machen.

Ich möchte klarstellen, dass Meditation nichts zu tun hat mit deiner Religion, deinem Glaubenssystem oder der Sekte, der du angehörst. Es spielt keine Rolle, ob du an Gott glaubst oder nicht, ob es für dich ein Leben nach dem Tod gibt oder nicht. Fest steht einzig und allein, dass du existierst und die Meditation einfach ein Schlüssel ist, der dir Zutritt zu deinem Inneren gewährt, damit du zu Lebzeiten in dein tiefstes Wesen vordringen und mit Liebe und in Fülle die Reise durch das Leben genießen kannst.

Ich lade dich ein, dir die Gelegenheit zu geben, diese angeborene Fähigkeit zu entwickeln und sie in deine Lebensführung zu integrieren. Praktiziere sie nicht nur eine Stunde am Tag, im Morgengrauen, wenn du das Erwachen deines Bewusstseins schulst, sondern binde sie ein in deine täglichen Aktivitäten, egal ob du gerade Sport treibst, kochst, dein Zimmer aufräumst, arbeitest, singst, mit deiner Familie zusammen bist, Musik hörst oder einfach nur auf deinem Bett ruhst.

Stress entsteht, wenn du Dinge machst, die zu Anspannung führen. Diese Anspannung kreierst du im Allgemeinen selbst, sie hängt ab von deiner Haltung dem Leben gegenüber. Meditation gibt dir Klarheit und Bewusstheit, damit die Dinge, die du machst, dich nicht stören oder zur Last werden, und damit du darin Sinn, Liebe und Freude findest.

Um diesen Wandel aus deinem Inneren heraus zu vollziehen, musst du eine Reihe von Begriffen verstehen, begreifen und verarbeiten, die dich dabei leiten und dir die notwendige Stärke geben werden. Sonst bleibt alles, was du machst, nur eine vorübergehende Veränderung.

• Wenn du dir deiner Fesseln bewusst geworden bist und der Notwendigkeit, dich von innen heraus zu verändern, musst du deinen Geist für diese Veränderung öffnen, egal was andere davon halten.

• Lass los, entspann dich und lass alles natürlich fließen, ohne Eile oder Erwartungen, denn je schneller du dich ändern willst, umso weniger wirst du erreichen. Je mehr du dich anstrengst, umso mehr verausgabst du dich.

- Dein Bewusstsein wird dir die Kraft geben, die du brauchst, um wahrhaftige Veränderung zu erreichen, die nur aus deinem Inneren, aus deiner Wesenstiefe kommen kann, denn jeglicher Wandel von außen ist nur oberflächlich. Wenn dein Bewusstsein erwacht, beginnt dein Charakter, sich zu verändern und deine Emotionen lösen keine Reaktionen von Wut, Angst oder Schmerz mehr aus. Das Bewusstsein versetzt dich in die Lage, deine Emotionen und Glaubenssätze zu beobachten und sie frei fließen zu lassen, ohne dich an sie zu klammern oder dich mit ihnen zu identifizieren. In diesem Augenblick bekommt dein Leben eine neue Dimension, die dazu führt, dass du dich in deinem Wesen zentriert fühlst.

- Hege keine falschen Erwartungen oder die Hoffnung, zur Erleuchtung zu gelangen und spektakuläre Resultate zu sehen, wie beispielsweise außergewöhnliche Visionen oder unerwartete Wunder, die deinen Geist überwältigen, denn das kann zu Enttäuschung und Frustration führen. Die wirkliche Wandlungskraft der Meditation ist viel einfacher, gewöhnlicher und leiser als du glaubst; sie spiegelt sich in deinem Körper, deinen Emotionen und Gefühlen und lässt deine Energie nicht nur die Wunden deiner Seele, sondern auch deines Körpers heilen.

Was ist Meditation?

Wenn ich meiner dreizehn Monate alten Enkelin Agustina in die Augen schaue, spüre ich eine große Unschuld in ihrem Inneren. Außer der Unschuld ist da ein innerer Friede, der von einer tiefen Stille begleitet ist. Sie befindet sich in einem ununterbrochenen, natürlichen Zustand von Meditation, freut sich über alles, lacht über alles und hat Spaß an allem, was sie sich in den Mund stecken kann, egal ob sauber oder schmutzig. Sie ist die ganze Zeit über in einem tiefen Zustand der Kontemplation und Beobachtung, aber gleichzeitig ist sie achtsam und wach; sie hat eine unendliche Fähigkeit zu staunen, und in ihren Augen kann ich ihre Seele sehen, denn sie ist ein Wesen des Lichts, dessen einzige Fähigkeit darin besteht, Liebe und Freude zu geben. Wenn wir nicht von der Gesellschaft mit all dem egobezogenen Ballast verseucht würden, wäre unser angeborener, meditativer Zustand der eines Babys und er bliebe uns ein Leben lang erhalten. Meditation ist also eine fantastische Reise durch deine unbekannte Innenwelt: Dort eroberst du dir den Raum zurück, den du im Laufe der Jahre verloren hast. Anstatt mit deiner Aufmerksamkeit nach außen zu gehen, schließt du in der Meditation die Fenster zum Außen und begibst dich in deine innere Welt, beobachtest deinen Geist und lässt ihn still werden. Du erlaubst deinem Bewusstsein, das zerstreut und in äußere Dinge verwickelt war, sich innerlich zu zentrieren und sanft in dir zu ruhen. Meditieren heißt zum Wesentlichen zurückzukehren, in dein Zuhause, in deinen heiligen Tempel, wo es nur Liebe und Frieden gibt. Es bedeutet, wieder ein kontemplativer Beobachter zu werden wie in Kinderzeiten; ein beständiger Zeuge aller Dinge, die um dich herum geschehen, so wie wenn du einen Vogel am Himmel beobachtest. Du siehst ganz deutlich den Vogel und hörst seinen Gesang. Auf der einen Seite ist der Vogel, das heißt, das Beobachtungsobjekt und auf der anderen Seite bist du, das Subjekt, das den Vogel sieht und hört. Aber wenn du ganz ruhig und entspannt bist, kannst du die Szene aus einer anderen Dimension wahrnehmen. Du siehst den fliegenden und singenden Vogel, aber du siehst auch dich, wie du den Vogel beobachtest. In diesem Moment beginnst du jenseits deiner Sinne zu sehen und wahrzunehmen, du befindest dich jenseits des tiefsten Tiefschlafs, bist dabei aber hellwach.

Das Erreichen dieses Bewusstseinszustands ist mehr als ein Erlebnis: Das bist du, es ist dein eigenes Wesen in seiner ganzen Fülle. Du bist in der Lage, ruhig und gelassen deinen Geist zu beobachten und zu sehen, wie er langsam zur Ruhe kommt. Dies ist die Essenz und das wichtigste Ziel der wahren Meditation. Das heißt, du identifizierst dich nicht mit dem, was geschieht, sondern bist ein bewusster und offenherziger Zeuge, der keine Hoffnungen und keine Erwartungen hat. Er beobachtet lediglich. Das ist Meditation: zu schauen, zu beobachten – einfach um zu beobachten. Ihr Zweck ist, in jedem Moment bewusst und hellwach zu bleiben; jede Tätigkeit, die du mit dieser Bewusstheit ausführst, ist Meditation.

Wenn du aufhörst, der „Handelnde" zu sein und zum Beobachter wirst, kannst du alles betrachten, was um dich herum geschieht. Dies ist die wahre Essenz, das große Geheimnis der Meditation. In diesem Moment kannst du alles tun, was du dir vornimmst, ohne deine Mitte zu verlieren. Wenn du dies verstanden hast, solltest du anfangen, die einfachen Dinge des Alltags (gehen, dein Bett machen, deine Zähne putzen, dich anziehen, frühstücken, Sport treiben etc.) achtsam auszuführen, damit du immer in deiner Mitte bleibst und dich nichts erschüttern kann. Du wirst den wahren Sinn des Lebens finden, denn du wirst dich an jeder Handlung erfreuen, die du ohne Eile tust und bei der du einfach fließt. Du wirst eine neue Perspektive einnehmen, die dir eine weite, klare Sicht ermöglicht, denn du schaust von außen und wirst zu einem stillen und gelassenen Beobachter.

Was ich dir sagen möchte, ist, dass dich die tägliche Praxis der Meditation – unabhängig davon, ob du einen spirituellen Lehrer hast oder nicht – zu Selbsterkenntnis führen und dir die große

Wonne verschaffen wird, bewusst, gelassen, achtsam und heiter zu sein. Dies ist ein Prozess, den jeder von uns auf seine Weise erfahren muss, es gibt weder ein Handbuch, noch einen Leitfaden, noch eine Zauberformel für sofortiges Gelingen. Es ist genauso einfach, als ob ich dir erzählte, dass ich in meinen zehn Jahren Schwimm- und Taucherfahrung eine spektakuläre Technik des Schwimmens und Tauchens durch zehn Meter hohe Wellen in rauer See entwickelt habe, dir darüber einen Vortrag hielte und dir eine CD mit allen Techniken und Werkzeugen gebe, damit du es erlernst. Du kommst nach Hause, schaust dir das Video an, liest das Buch, gehst deine Notizen durch und wiederholst das Tag für Tag, bis du alles intus hast.

Wenn du dann nach einiger Zeit das ganze theoretische Wissen in deinem Kopf hast, rufe ich dich an und lade dich ein, mit mir aufs offene Meer hinauszufahren, damit du zeigen kannst, was du gelernt hast. Wenn du dich in die raue See stürzt und du hast nicht vorher ausprobiert und geübt, wie man atmet, wie man schwimmt, wie man den Geist entspannt, wie man die Ausrüstung benutzt, wirst du ertrinken, egal wie professionell deine Ausrüstung auch sein mag. Genauso ist es mit der Meditation. Sie ist ein Prozess, der sich Schritt für Schritt entfaltet, und in dem Maße wie du erforschst, praktizierst und beobachtest, werden sich dir neue Türen öffnen, und du wirst eine ganze Palette von Möglichkeiten finden, um deine Fähigkeiten zu verbessern und diese göttliche Kunst zu entwickeln. Wie ein volkstümliches Sprichwort so treffend sagt: „Übung macht den Meister."

Das Ziel ist, immer und überall heiter und fröhlich beziehungsweise achtsam, ohne jegliche Anstrengung inmitten aller Widrigkeiten zu sein, die sich uns im Außen in den Weg stellen können.

Dies ist die Essenz der Meditation. Das heißt, du musst die äußeren Dinge, die du nicht ändern kannst, verstehen und begreifen, anstatt sie zu bekämpfen. Wenn du gegen die Dunkelheit kämpfst, kannst du gar nichts ausrichten. Wenn du aber in tiefster Dunkelheit eine kleine Kerze entzündest, ist die Dunkelheit augenblicklich vorüber. Genauso ist die Meditation; wenn du das Licht einer Laterne in einer Vollmondnacht löschst, siehst du zunächst gar nichts, aber nach wenigen Sekunden beginnst du zu sehen, was du anfänglich gar nicht wahrnehmen konntest. Wenn du zum Beispiel mit deinem Geliebten oder deiner Geliebten streitest, bist du traurig und wütend. Aber identifiziere dich weder mit deiner Traurigkeit noch mit der deines Gegenübers, sondern trete aus der Situation heraus, werde Beobachter und lass dich nicht in die Gefühle verwickeln. Du beobachtest die Traurigkeit lediglich, verstehst sie und lässt sie fließen und vorübergehen. Dein Bewusstsein wird dir das Licht und die Werkzeuge geben, die du brauchst, um mit deinen Emotionen umzugehen.

Die Meditation verleiht dir die Fähigkeit, in vollen Zügen zu genießen, was du im jeweiligen Moment hast (geliebte Menschen oder auch materielle Dinge), und sie hilft dir, den Egozustand, die Ursache allen Leidens, zu überwinden (du misst dem Gerede der Leute über dich keine Bedeutung bei, du versuchst nicht, andere zu beeindrucken, du verausgabst dich nicht länger, indem du versuchst, besser als andere zu sein und dich ständig mit ihnen vergleichst, du hegst nicht länger Groll oder Kummer im Herzen und formst auf natürliche Weise deinen Charakter). Die Meditation verleiht dir darüber hinaus die Fähigkeit, den Moment zu genießen, auch wenn du aus irgendeinem Grund Dinge verlierst, die dir Wohlergehen verschaffen, oder Dinge einfach aus deinem Leben verschwinden.

Stufen der Meditation

Wenn du ein Beobachter werden willst, musst du dir deines Körpers, deines mentalen Geistes und deines spirituellen Geistes bewusst sein. Zunächst musst du deinen Körper beobachten, denn er ist dein Fahrzeug. Du solltest lernen, deine Atmung zu beobachten, die Bewegungen, die du jeden Tag ausführst und die Gesten, die dich charakterisieren (zum Beispiel, wenn du schreibst und dabei die Zunge herausstreckst oder die Lippen zusammenkneifst, oder wenn du beim Denken den Zeigefinger an das Kinn legst, oder wenn du angespannt bist und die Stirn runzelst etc.). Sobald du deinen Körper und deine Atmung beobachtest, wirst du bemerken, dass du ruhiger, heiterer und entspannter wirst. Du wirst einen Großteil der Dinge nicht mehr spüren, die dir Stress machten. Wenn du gähnst, meldet dir dein Körper, dass du Hunger hast, müde bist oder einen anderen Ort aufsuchen musst. Wenn du innehältst und das Gähnen beobachtest, das unbewusst war, wirst du es verstehen und genießen.

Wenn du schon gelernt hast, bewusst mit deinem Körper umzugehen, beginne alles zu beobachten, was in deinem Geist vor sich geht. Erinnere dich daran, dass nicht einmal deine ärgsten Feinde dich so quälen können wie deine eigenen Gedanken. Durch deinen Geist ziehen jeden Tag im Schnitt sechzigtausend Gedanken, die sich oftmals wiederholen und die unbewusst und nicht zuletzt negativ sind. Aus diesem Grund solltest du in Stille beobachten, welche Art von Gedanken durch deinen Geist ziehen, und in wenigen Minuten wirst du merken, dass es dort zugeht, wie in einem Narrenhaus. Deine Gedanken kommen und gehen unkontrolliert und machen mit dir, was sie wollen, sie reißen dich fort und können dich vollkommen fertigmachen. Vergiss nicht: Dein Herz wird dahin folgen, wo dein Geist hingeht. Wenn du anfängst, dir deine Gedanken bewusst zu machen und du sie zwanglos beobachtest, beginnen sie, sich zu verändern, und du kannst der Meister deines Geistes werden und der Schüler deines Herzens. Dann wirst du inneren Frieden finden und Harmonie zwischen Körper und Geist. Wenn die Harmonie zwischen Körper und mentalem Geist hergestellt ist, solltest du beginnen, mit deinem spirituellen Geist zu arbeiten, indem du deine Emotionen, Gefühle und Einstellungen beobachtest. Dieser Prozess ist komplexer und bedarf eines wacheren und tieferen Bewusstseins, denn deine Emotionen, Gefühle und Einstellungen sind durch das Ego getrübt. Zuerst musst du das Ego entlarven, um sie so zu sehen, wie sie sind, und um dir bewusst zu machen, auf welche Weise sie sich in deinem Leben manifestieren. Wenn du sie ruhig und gelassen beobachten kannst, nicht einzeln für sich, sondern als eine Gesamtheit, als miteinander verschmolzen und in Harmonie miteinander arbeitend, wirst du eine unbeschreibliche Freude spüren, die dich überschwemmt und dein Herz erleuchtet.

Wenn du mit ganzer Bewusstheit deinen Körper, deine Gedanken, Emotionen, Gefühle und Haltungen beobachtest, bist du bereit, dorthin aufzusteigen, wohin wenige Menschen gelangt sind: zum wahren Erwachen deines höchsten Bewusstseins. Das heißt, wenn du dir deines Bewusstseins wirklich vollkommen bewusst bist, wirst du absolutes Glück und absolute Freude kennenlernen, einfach, weil du lebst, weil du fortwährend kontemplierst und Wertschätzung für alles empfindest. In diesem Zustand gibt es keine Sorgen, kein Leid, keinen Schmerz; du bist einfach hellwach, fröhlich und glücklich. Dein Bewusstsein lässt dich die stärkste Kraft der Welt erfahren: die Liebe – und du wirst verstehen, dass Gott zu dir spricht.

Der Zauber des Lebens liegt in unserer Fähigkeit zu staunen, der Natürlichkeit, der Einfachheit, der Spontanität und dem freien Fließen; denn alles, was du mit Spannung, Sorge, Verdrängung, Verzicht oder Frustration machst, wird Leid erschaffen. Wachstum, Entwicklung und Veränderung sind Ergebnisse von Selbstbeobachtung, Verständnis und Verstehen. Wenn du verstehst, dass dein Glück nicht von deinem Partner abhängt, wirst du frei sein. Von dem Moment an wirst du die Zeit, die du mit deinem Partner verbringst, wirklich gut nutzen, ohne Vorwürfe oder Ängste, und du wirst dich entwickeln und als Mensch verwirklichen und gestehst dem Menschen, den du liebst, seine eigene Verwirklichung zu. Wenn ich beginne, mich an allem zu erfreuen, egal ob mein Partner bei mir ist oder nicht, kann ich sagen, dass ich frei von Anhaftungen bin und ich sage glücklich und ohne Furcht den Satz, der mir vorher unmöglich erschien: Ich liebe dich, aber ich bin glücklich ohne dich.

Nutzen der Meditation

Sie trägt zu deiner Gesundheit bei. Es ist wissenschaftlich erwiesen, dass Menschen, die meditieren, gesundheitliche Vorteile haben, wie zum Beispiel weniger Stress und niedrigeren Blutdruck. Die Gehirnwellen sind elektromagnetische Wellen, die durch die elektrische Aktivität des Gehirns produziert werden. Sie ändern ihre Frequenz je nach Nervenaktivität, die wiederum mit den mentalen Zuständen der Person zu tun hat und mit ihrem Bewusstseinszustand. Diese Wellen kann man mit dem Elektroenzephalogramm messen, einem sehr sensiblen elektronischen Gerät. Die Frequenzen dieser elektrischen Wellen kann man in Sekundenzyklen oder Hertz (Hz) messen. Wenn man die Gehirnwellen misst, stellt man fest, dass sich unsere mentalen Zustände in vier grundlegende Kategorien einteilen lassen: Beta, Alpha, Theta und Delta. Die Betawellen sind dem gewöhnlichen linearen Bewusstsein und dem ununterbrochenen Denken zugeordnet. Das ist der Zustand, in dem du wach und aktiv bist. Die Alphawellen entstehen dann, wenn der Geist sich aus der äußeren Welt zurückzieht und sich in die innere Welt begibt, wenn du beispielsweise die Augen schließt und tief atmest. Die Thetawellen entstehen, wenn wir schlafen oder kreativ sind. Deltawellen werden in einem ruhigen und tiefen Schlafzustand produziert. Sobald die Wellenfrequenz abfällt, nehmen auch alle natürlichen Prozesse ab, die vom Gehirn kontrolliert werden, zum Beispiel der Herzrhythmus, der Blutdruck, die Körpertemperatur, der Atemrhythmus und die Muskelspannung. In kurzer Zeit setzt eine tiefe Entspannung ein. Mittels des Elektroenzephalogramms hat man nachgewiesen, dass die Gehirnaktivität während der Meditation von Betawellen (normale Aktivität, 30–13 Hz) zu Alphawellen übergehen kann, sodass du ruhig und entspannt bist (13–8 Hz). In tiefer Meditation werden auch Thetawellen registriert, d.h., du befindest dich in einem Zustand tiefer Entspannung, Kreativität und Problemlösung (8–3,5 Hz). Bei sehr fortgeschrittenen Praktizierenden kann man sogar Deltawellen messen, das heißt, dass diese Menschen sich in einem tiefschlafähnlichen Zustand befinden, ohne jedoch zu schlafen. Deshalb hilft dir Meditation, deine Kreativität, dein Erinnerungsvermögen und die Konzentration, die zum Lernen notwendig ist, zu steigern sowie auch die Vorstellungskraft, die du brauchst, um Konflikte und Probleme zu lösen. Außerdem hat man festgestellt, dass Tausende von Menschen von ihren Krankheiten geheilt wurden, als sie die Meditation in ihr tägliches Leben integrierten.

Sie weckt deine Sensibilität. Die Meditation macht dich sensibler, denn du erfährst die Welt nicht länger nur durch deine fünf Sinne, sondern sie lässt dich eins werden mit dem Universum. Du fühlst, dass das Universum ein Teil von dir ist. Du spürst, dass die Sterne, die Sonne, der Mond und die Natur mit all ihrer Schönheit nicht außerhalb deiner selbst, sondern auch in deinem Inneren sind und du mit ihnen verschmilzt. Du fühlst und begreifst, dass Mutter Natur dich umarmt, dich aufnimmt, und du erfreust dich an ihrer Umarmung. Jeder neue Tag ist nicht einfach ein Tag mehr, sondern verwandelt sich mit dem ersten Lichtstrahl im Morgengrauen in ein neues Erwachen, voller Licht, Magie und Farben. Wir erfreuen uns an jedem Lebewesen, das uns begegnet. Du empfindest alles, was passiert, als Manifestation Gottes in deinem Herzen. Du kannst mit den Augen des Herzens sehen und gelangst so in eine neue weitere Dimension voller Freude. Die Meditation gibt dir die Fähigkeit, über einen Tautropfen mit seiner Transparenz und seinen wunderschönen Farben zu staunen, über ein trockenes Blatt, das vom Baum fällt, über einen Sonnenaufgang, das Lächeln eines Kindes, den Gesang eines Vogels oder das Flüstern eines alten Menschen. Diese Sensibilität verbessert dein Verhältnis zu deiner Umgebung, und dein Leben wird erfüllter in dem Maße, wie die Liebe wächst. Diese Sensibilität hilft dir, deine Aufmerksamkeit von dem Menschen, der dir so viel Kummer bereitet hat, abzuwenden, und gibt dir die Kraft, dich von ihm zu lösen und die schönen und einfachen Dinge zu genießen, die Gott dir gibt und die du vielleicht bisher nicht schätzen konntest. Sie versetzt dich in die Lage, deine Anhaftung zu überwinden, sei es die Anhaftung an den Menschen, den du für so wichtig hieltest und von dem du so abhängig warst, oder die an die materiellen Dinge, an die du dich geklammert hast und ohne die du nicht auszukommen glaubtest. Du wirst deinem Leben eine neue Dimension hinzufügen, in deren Mittelpunkt die kleinen Dinge stehen, und die dir ermöglichen wird, dich über dich selbst zu freuen, in der Liebe zu wachsen und sie freigiebig mit anderen zu teilen, ohne in Anhaftung zu verfallen.

Wenn du zu meditieren beginnst, wirst du sehen, wie du mit deinem neuen Verständnis den Zustand der inneren Unruhe und Unbewusstheit überwindest, und du wirst bemerken, dass alles, woran du dich bisher geklammert hast, aus deinem Mangel an Sensibilität resultierte und aus deiner Unfähigkeit, das Leben anders zu sehen. Du wirst jetzt leicht die Anhaftungen durch bessere Dinge und Verhaltensweisen ersetzen können, die dir Ruhe und inneren Frieden bringen. Die Erinnerungen verblassen und alte Wunden können heilen.

Du lernst die Stille zu genießen. Es erscheint uns wie eine Strafe, wenn wir allein an einem Ort sind, ohne uns unterhalten zu können und ohne jegliche Zerstreuung. In diesen Momenten nehmen wir die Stille als etwas Negatives, Unangenehmes und Angsterregendes wahr, wodurch ein Gefühl großer Leere in uns entsteht. Als wir aufwuchsen, hatten wir Angst vor Stille, denn wir glaubten, dass Stille die Abwesenheit von Geräuschen ist. Nimm dir ein paar Minuten Zeit und analysiere, wie dein Leben und dein Verhältnis zur Stille ist: Du stehst morgens auf, machst den Fernseher oder das Radio an, frühstückst, gehst weg, um deine Alltagspflichten zu erledigen, kommst zurück, machst wieder den Fernseher an, liest ein Buch oder verbringst etwas Zeit mit deinen Kindern, schließlich gehst du ins Bett – und am nächsten Tag beginnt derselbe Ablauf wieder von vorne. Was machst du, wenn nichts ansteht, was du erledigen musst, oder dein Geist einen Moment lang keine Beschäftigung hat? Hast du schon einmal darüber nachgedacht? Bestimmt machst du Pläne oder überlegst dir, was du als Nächstes tun kannst, denn du hast nie gelernt, deinen Geist abzuschalten oder zu beruhigen, um ganz und gar deine innere Stille genießen zu können. Wenn du ein Kind anschaust, wirst du feststellen, dass es eine große Fähigkeit besitzt, zu staunen und zu beobachten und eine große Unschuld und Stille. Es kann stundenlang von der Außenwelt abgeschirmt sein, ohne sich zu kümmern, ob es regnet oder die Sonne scheint. Kinder kommen in einem natürlichen Zustand der Kontemplation auf die Welt und sind von Natur aus Meditierende. Sie genießen alles, was um sie herum geschieht und wollen mit allem spielen und ihren Spaß haben. Wenn du lernst, die Stille zu genießen, beobachtest du dich selbst, und es gelingt dir, dich von Gedanken der Traurigkeit und Sorge abzutrennen, die dir so viel Schmerz und Leid bereiten. Wenn du lernst, die Stille zu genießen, wirst du vor der Einsamkeit keine Angst mehr haben – im Gegenteil, sie wird zu deiner besten Freundin. Durch die Meditation lernst du, deinen Geist zum Schweigen zu bringen und hörst zum ersten Mal die wahre Melodie in deinem Inneren. Du eroberst dir den Raum zurück, den du als Kind gekannt und genossen hattest, in den aber der ganze äußere Lärm eingedrungen war und in dir Störungen, Instabilität, Unruhe, Angst und Leid hervorgerufen hat.

Nimm dir jeden Tag Zeit, deinen Geist für einen Moment auszuschalten, so wie du deinen Fernseher ausschaltest, und lausche der Stille. Nur mithilfe der Stille und deiner Atmung kannst du bis in dein Herz vordringen und das wiederherstellen, was du verloren hast: deinen inneren Frieden. Wenn der Geist aufhört zu plappern und man die Stimme der Stille hören kann, strömt wie von selbst der Duft unseres Seins aus. Er ist wie Blütenduft: Du riechst ihn, du spürst ihn, aber du kannst ihn nicht anfassen. Der Duft deines Seins ist immer da für dich, nur kannst du ihn nicht dingfest machen und nicht riechen. Stille und Einsamkeit sind deine unzertrennlichen Verbündeten, die dich in eine höhere Dimension führen können, in der es kein Ego und keine Anhaftungen gibt.

Als ich in Tibet war und zu fasten begann, sagte mir mein Lehrer, dass ich vierzig Tage und Nächte in Stille verbringen müsse, und mein Geist versuchte mit allen Mitteln, diesen Prozess zu blockieren. Mein Kopf wurde überflutet von Gedanken und mein Geist war total aufgewühlt. Er hörte nicht auf, Tausende von Gedanken zu produzieren und versuchte, mich davon zu überzeugen, dass es nicht gut sein könne, in Stille zu verweilen. Mein Ego fühlte sich offensichtlich erstmals bedroht, entlarvt zu werden. Es blähte sich auf, aus Angst, die Kontrolle über mich zu verlieren und produzierte einen Gedanken nach dem anderen, um mich nicht zur Ruhe kommen zu lassen. Als es mir gelang, längere Zeiträume lang still zu sein, hatte ich unbeschreibliche Gefühle von Glück und Freude. Ich spürte weder Hunger noch Kälte oder Angst und erlebte das Leben intensiver, leidenschaftlicher, freudvoller. Ich lernte, dass wir uns mithilfe der Stille selbst beobachten und der unzähligen Vorstellungen und falschen geistigen Illusionen bewusst werden können, die von unserer Angst und Sorge genährt werden, welche wiederum das Produkt unseres Geistes sind, der uns in die Enge treiben will.

Du merkst auch, dass du dich aus Angst vor dem Alleinsein an Menschen und Dinge klammerst, an denen du nicht haften solltest. Die Stille gibt dir die großartige Gelegenheit, wach und bewusst zu werden, Geduld, Toleranz und unendliches Mitgefühl zu entwickeln, nicht nur für dich selbst, sondern für alles, was dich umgibt. Wenn du in Stille mit der Natur in Kontakt trittst, kannst du dich an der Gesellschaft der Vögel, der Bäume, des Mondes und der Sterne erfreuen, allein indem du bewusst schaust und vollkommen das Glück und die Freude genießt, die sie in sich birgt. Wenn du die Dinge um dich herum beobachtest und sie ganz bewusst wahrnimmst, wird sich etwas Magisches ereignen. Du wirst bemerken, wie sich allmählich die Worte, Begriffe und Vorstellungen auflösen, dass du in Kontakt bist mit der Wirklichkeit und dich nichts und niemand mehr aus der Ruhe bringen kann.

Ich schlage dir vor, dass du einen Tag lang in absoluter Stille verbringst, vorzugsweise in der Natur. Du solltest mit niemandem sprechen; du wirst nur sehen und hören, aber kein Wort wird über deine Lippen kommen. Du solltest nicht den Fernseher oder das Radio anschalten und nicht lesen, lass dich von nichts zerstreuen. Beobachte nur deine Gedanken. Falls Gedanken der Angst auftauchen, beobachte sie nur, schau sie an, aber identifiziere dich nicht mit ihnen und du wirst sehen, wie sie verschwinden.

Du kommst zur wahren Essenz zurück. Mithilfe der Meditation kannst du Liebe in deinem Herzen intensiv spüren. Du wirst mitfühlender und toleranter und du fließt einfach, frei und ungehemmt, egal wie die jeweiligen Umstände sind. Die Liebe, die dann aus deinem Herzen strömt, ist ganz anders als die falsche Liebe, die deinem Geist entspringt und Abhängigkeit und Leiden schafft. Die meisten Menschen suchen ihr Leben lang nach der wahren Liebe und finden sie nicht, oder tun so, als hätten sie die Liebe gefunden, und zermürben sich bei dem Versuch, sie am Leben zu erhalten. Sie versuchen mit allen Mitteln, diese Liebe zu etwas Ewigem zu machen. Diese Liebe ist dem Geist entsprungen. Wie kannst du diese Liebe in etwas Ewiges verwandeln wollen, wenn sie in der zeitlichen und räumlichen Begrenztheit deines Geistes erschaffen wurde? Alles, was dein Geist hervorbringt, ist oberflächlich, wechselhaft und begrenzt und hat kein eigenes Leben. Der Geist ist imstande falsche Liebe zu erzeugen, Liebe, aus der emotionale Anhaftung entsteht. Wir begreifen nicht, dass wir die ideale, die wahre und unendliche Liebe, nach der wir uns so sehnen, niemals in einem Menschen oder in einem Ding finden werden. Die einzige Art, ewige und wahre Liebe zu erfahren, ist, dich in der Meditation mit deinem Wesenskern zu verbinden, der in meinen Augen Gott ist. In der Meditation fließt Liebe, und diese Liebe ist ewig; diese Liebe ist anders als all die, die du bisher in deinem Leben verspürt hast. Wenn es dir gelingt, die Liebe wiederzuentdecken, mit der du ursprünglich auf die Welt gekommen bist, und an der du dich erfreut hast, als du klein warst, wird sich die Beziehung zu deiner Umgebung drastisch ändern. Dann wird dein Verhältnis zu deinem Partner oder deiner Partnerin und zu den anderen Menschen, die du liebst, ein vollkommen anderes: Es wird liebevoller, freier, bedingungsloser und spontaner. Diese Liebe lässt sich nicht kontrollieren oder manipulieren und sie beschränkt sich auch nicht nur auf einen einzigen Menschen – du ruhst einfach in der reinen Liebe, in deinem Bewusstsein. Dies ist die Art von Liebe, von der unsere Lehrmeister, zu denen auch Jesus gehört, im Laufe der Geschichte gesprochen haben. Wenn du diese wahre Liebe entdeckst, wird die emotionale Anhaftung, die von Schmerz, Angst und Eifersucht hervorgerufen wurde und die du für Liebe hieltest, wie durch Zauberei verschwinden, denn sie passt nicht mehr in dein Herz. Die Liebe, die nun aus deinem Herzen strömt, unterscheidet sich grundlegend von der Furcht, die dein Geist erschaffen hatte.

Du wirst endlich frei sein. Wenn etwas, das dir große Freude bereitet, plötzlich nicht mehr da ist, entsteht anstelle der Freude großes Leid. Du wirst nie frei sein, wenn ein anderer Mensch die Quelle deiner Freude ist, denn du wirst diesen Menschen immer ganz für dich haben wollen. Doch dieses vermeintliche Glück kann dir niemals Freiheit schenken, im Gegenteil, es wird dich gefangen nehmen. Eine Beziehung, die auf Bedingungen, Manipulation und der Suche nach Anerkennung beruht, kann niemals gesund sein und dir inneren Frieden bringen, weil dein angebliches Glück von dem anderen abhängt. Abhängigkeit von einem anderen Menschen kann dir niemals Freiheit und Ausgeglichenheit geben, denn im Falle einer Trennung wirst du eine große innere Leere verspüren. Da du das Gefühl hast, nur dann vollständig zu sein, wenn du mit dem anderen zusammen bist, wirst du Momente erleben, in denen du dich erfüllt fühlst, und solche, in denen du spürst, dass dir etwas fehlt. Dann wird irgendwann der Zeitpunkt kommen, an dem du dich fragst, ob es einen Weg gibt, dich niemals allein zu fühlen, um nicht mehr leiden zu müssen. Allein durch Meditation wirst du in der Lage sein, die Fesseln abzuwerfen, die dich hindern, das Leben vollauf zu genießen, und die dich in emotionaler Abhängigkeit gefangen halten.

Du wirst deine Einsamkeit ganz selbstverständlich genießen. Die Meditation verleiht dir die Fähigkeit, dich wahrhaftig am Alleinsein zu erfreuen. In diesem Moment bist du von nichts und niemandem außerhalb deiner selbst abhängig. Du kannst keinen Begleiter in diesen Prozess mitnehmen, denn es handelt sich um einen individuellen Prozess, ein wunderbares, stilles Treffen mit dem heiligen und leeren Raum, der sich in deinem Inneren befindet. Es ist eine wirkliche Begegnung mit deinem eigenen Wesen, bei der du das strahlende Licht Gottes in deinem Herzen finden wirst. Wenn du diese Reise nach innen zum ersten Mal antrittst und dich plötzlich deiner Einsamkeit und der absoluten Stille in dir gegenüber siehst, wirst du so erstaunt sein, dass du dir nicht sicher sein wirst, ob das, was du fühlst, Realität ist oder nur deiner Fantasie entspringt. Ich kann dir versichern, dass sich dein Leben nach diesem Kontakt mit der Einsamkeit drastisch ändern wird. Immer wenn du in dein Inneres hinabsteigst und es erforschst, werden alle Bande, Ketten und Verbindungen, die du zur äußeren Welt hast, unterbrochen; wenn du dann in die Außenwelt zurückkehrst, wird dich die Einsamkeit, die der Verlust eines geliebten Menschen hinterlassen hat, nicht mehr quälen, und du wirst ihn anders wahrnehmen, sodass er keine Anhaftung mehr in dir hervorruft. Die Beklemmung und die Angst vor dem Alleinsein werden sich auflösen. Dann wirst du verstehen, dass du allein auf die Welt gekommen bist, dass du allein sterben und allein über deine Grenzen hinausgehen wirst. Es ist so wie bei einer Operation am offenen Herzen, wenn sie dir das Herz aus dem Brustkorb holen und es mithilfe von verschiedenen Maschinen am Leben halten. Obwohl das Herz außerhalb von dir in einer ihm fremden Umgebung von Maschinen ist, hört es nicht auf zu schlagen. Doch erst wenn es wieder in deinen Körper, in seine natürliche Umgebung zurückkehrt, findet es die vollkommene Erfüllung und schlägt mit voller Kraft. Du wirst begreifen, dass die Menschen, die du liebst, nur für begrenzte Zeit an deiner Seite sind und du über die Dauer nicht bestimmen kannst, egal wie sehr du es dir auch wünschen magst. Die Einsamkeit hilft dir zu verstehen, dass du die Zeit nicht anhalten oder für die Zukunft aufsparen kannst, und dass du die Zeit, die dir mit deinen Lieben zur Verfügung steht, gut nutzen musst.

Du wirst deutlich und klar sehen. Wenn du nicht über deinen Geist bestimmst, dann macht er dich zu seinem Sklaven und quält dich, denn er ist geschickt und schlau, aber ihm fehlt das Bewusstsein. Es ist, als würdest du einem Autopiloten die Kontrolle über dein Leben geben. Der Geist ist nicht originell, kreativ oder fantasievoll; er wiederholt und bekräftigt einfach immer wieder dieselben Gedanken, die dein Leben zur Routine machen, ohne jeglichen Ansporn und ohne Neuerungen oder Veränderungen. Wenn du dein Leben aufgrund der Konditionierungen deiner Kindheit in einem Zustand der Unbewusstheit verbringst, bist du wie betäubt, verlierst deine Intelligenz, glaubst nicht an dich, lebst nicht für dich, sondern für die anderen und reagierst auf Probleme mit Fertigrezepten, so mechanisch wie ein Computer. Mithilfe der Meditation wirst du deine Konditionierungen und die Programme auflösen, die deine Eltern und die Gesellschaft dir aufgespielt haben, und du wirst die Dinge klar sehen. Anstatt einfach zu reagieren, wirst du bewusst handeln und dich entsprechend der jeweiligen Situation verhalten. Deine Lösungen werden nicht von anderen vorgegeben, sondern sie werden aus deinem Inneren kommen, das dir eine umfassende, individuelle und authentische Sichtweise ermöglicht. Der Geist ist eifersüchtig, er sucht immer die Anerkennung und das Lob deines Partners oder deiner Partnerin. Wenn er spürt, dass ihm die Kontrolle entgleitet, beginnt er, den anderen zu erpressen. Er schlüpft entweder in die Opfer- oder in die Täterrolle, damit sich der andere schuldig oder unsensibel fühlt. In der Meditation kannst du überprüfen, ob du wirklich wütend auf deinen Partner bist. Wenn es so ist, dann spielt dein Geist dir einen üblen Streich; er täuscht dich, und lässt dich in falscher Weise reagieren und handeln. Du musst durch die Wut hindurchsehen, nicht analysieren, warum es dazu gekommen ist und was sie verursacht hat, denn dann würde dein Geist anfangen zu denken. Beobachte die Wut lediglich, und du wirst sehen, wie sie genauso schnell wieder verfliegt, wie sie entstanden ist. Lass sie einfach da sein, aber schenk ihr keine weitere Beachtung.

Du wirst überfließen vor Dankbarkeit und Freude. Der Geist ist nur darauf aus, zu haben und sieht nur die schlechten Dinge, die passiert sind, ohne die guten Dinge des Lebens zu würdigen oder dafür dankbar zu sein. Er will mehr und mehr und vergleicht sich ständig mit anderen. Nur negativ zu denken oder nur an das, was man nicht hat, lässt den Geist in sehr niedrigen Frequenzen oder in unteren Bewusstseinszuständen schwingen, wo Traurigkeit, Schuld, Angst und Depression vorherrschen. Andererseits ist die Freude vergänglich, die von deinem Geist produziert und durch die Sinne erfahren wird. Sie hängt nämlich immer von einem äußeren Faktor ab und kann sich jeden Moment auflösen. Meditation hilft dir, das Leben von einem Standpunkt der Fülle, der Wertschätzung und der Dankbarkeit für alles, was du hast, zu betrachten, und zuzulassen, dass ausnahmslos alles so sein darf, wie es ist und seinen natürlichen Gang nimmt. Du freust dich aus tiefstem Herzen über deine Talente, Begabungen und Qualitäten. Diese Freude ist überschäumend, sie kommt aus deinem Wesenskern, zeigt sich aus keinem besonderen Grund und ist immer da, und du benötigst nichts und niemanden, um sie zu erfahren, nicht einmal den Menschen, von dem du meintest, dass du ihn brauchst, um fröhlich zu sein. Egal, was auch passiert, diese Freude kann nicht erlöschen, sie ist immerfort da. Die Umstände spielen keine Rolle, du kannst sogar im Sterben liegen und die Freude begleitet dich dabei. Diese Freude befreit und verwandelt dich und gibt dir emotionale Unabhängigkeit.

Wenn du nie zuvor meditiert hast, wirst du niemals verstehen können, von welcher Freude ich spreche, und du wirst sie nicht verstehen, egal wie sehr du auch deine Vernunft und dein Denken bemühst, denn sie ist jenseits der Grenzen deines mentalen Geistes.

Du lernst, liebevoll zu teilen. Meditation erhebt dich auf so eine hohe Bewusstseinsebene, dass du auf dem Grund deines Herzens die Liebe findest, die mit der überschäumenden Freude verschmilzt, die aus deinem Wesen strömt. Sie befähigt deinen spirituellen Geist wirklich, liebevoll zu teilen, sodass du über dich selbst hinauswächst, Spuren hinterlässt und den wahren Sinn des Lebens verstehst. Du wirst begreifen, dass Liebe nicht bloß eine Anhaftung, ein Wunsch, ein Bedürfnis, eine Lust ist, denn alle diese Dinge stammen aus der gleichen Quelle: dem Körper und dem mentalen Geist. Dagegen kommt das liebevolle Teilen aus deinem spirituellen Geist. Deshalb ist es eine unerschöpfliche Quelle der Liebe, denn je mehr du gibst, umso mehr Wonne, Seligkeit und Glück erlebst du. Geben, ohne etwas zu erwarten, ist die Nahrung des spirituellen Geistes. Wenn du gibst, um zu bekommen, dann gibst du nicht wirklich, du verleihst nur etwas, und erneut tappst du in die tödliche Falle deines mentalen Geistes, der immer deinen spirituellen Geist anzuketten versucht.

Der Weg zur Meditation

Meditation ist wunderbar und vergnüglich. Sie liegt jenseits des mentalen Geistes, und du kannst den Prozess allein dadurch beschleunigen, dass du sie mit Vergnügen praktizierst. Sieh sie nicht als ein zu erreichendes Ziel, denn je mehr du dich bemühst, dort hinzugelangen, umso weiter entfernst du dich davon. Lass einfach geschehen, genieß die Momente, betrachte es als Spiel.

Bedenke, dass du – wie in allen Künsten – auch in der Meditation das subtile und feine Gleichgewicht zwischen Aufmerksamkeit und Entspannung finden musst. Du sollst hellwach sein aber entspannt, so entspannt, dass du nicht einmal an die Entspannung denken musst. Dieses ist der wichtigste Punkt für deine Einstellung während der Meditation.

Wenn du anfängst zu meditieren, hast du das Gefühl, dass sich deine Gedanken verstärken, dass sie sich wiederholen und hartnäckiger werden. Sollte das passieren, kannst du aber ganz ruhig bleiben, denn im Gegensatz zu dem, was du vielleicht befürchtest, bist du in Wirklichkeit gelassener und entspannter geworden, nur bist du jetzt viel bewusster und merkst, wie laut und geschäftig dein Geist tatsächlich ist. Du hattest vorher auch schon diese Gedanken; aber da du unbewusst warst, hast du ihre Existenz nicht wahrgenommen. Lass dich nicht entmutigen von der Geschäftigkeit deiner Gedanken. Was auch immer passiert, bleib gegenwärtig und beobachte weiterhin deine Atmung, selbst und gerade mitten in dieser scheinbaren Verwirrung. Du wirst feststellen, dass der Tornado, der deinen Geist umnebelt, die Kraft verliert, bis er sich in ein frisches und sanftes Lüftchen verwandelt.

Wenn du anfängst, deine Gedanken zu beobachten, wirst du feststellen, dass es zwischen den einzelnen Gedanken ein Intervall gibt. Versuch, dieses Intervall auszudehnen, damit deine Gedanken sich verlangsamen. Wenn du die Beobachtung deiner Gedanken zur Gewohnheit machst und dich dabei nicht mit ihnen identifizierst, werden die Intervalle zwischen den Gedanken größer. So einfach ist die Kunst der Meditation, die wunderbare Kunst, bewusst, wach, fröhlich, spielerisch, entspannt und ruhig zu sein.

Meditation lässt dich die Welt aus einer erhabeneren und deutlicheren Perspektive betrachten und führt dich zurück zu deiner Bewusstheit, wenn immer du in Unbewusstheit fällst; gleichzeitig erlaubt sie dir, sowohl die Momente von Bewusstheit als auch die von Unbewusheit zu genießen.

Die Meditationspraxis

Wenn du anfangen willst zu meditieren, gibt es verschiedene Möglichkeiten. Du kannst dir dafür einen oder mehrere Lehrer nehmen, die dich anleiten und dir die wichtigsten Werkzeuge geben. Dann kannst du die für dich geeigneten Techniken auswählen, sie umwandeln und anpassen, um deine eigene Praxis zu gestalten, denn jeder Mensch ist ein eigenes Universum und handelt und reagiert entsprechend seines Glaubenssystems. Du kannst auch eigene Nachforschungen betreiben, dir Wissen aneignen, es testen und weiterverarbeiten und den Weg in dein Inneres auf deine eigene Weise gehen. Egal ob du einen Lehrer hast oder nicht, der Weg, der dich zu dir selbst führt und dir das höchste Vergnügen der Bewusstheit, Ruhe, Wachsamkeit und Heiterkeit erschließt, ist die tägliche Meditationspraxis, auch wenn es nur wenige Minuten zu Beginn des Tages sind. Dies ist ein Prozess, den jeder Mensch auf seine Weise erfahren muss; es gibt weder ein Handbuch, noch einen Leitfaden, noch eine Zauberformel für sofortiges Gelingen.

Das Wichtigste ist, dass du den Weg, den du begonnen hast, nicht abbrechen darfst, egal was kommen mag. Du wirst in deinem Leben auf falsche Lehrer treffen, religiöse Fanatiker oder Sekten, die dich mit allen Mitteln dazu bringen wollen, die Welt so zu sehen wie sie, damit du ihre Weltanschauung übernimmst.

Sie werden dir einreden, dass du vom rechten Weg abkommst, wenn du ihnen nicht folgst. Auf dem Weg der Meditation musst du niemanden anbeten, verehren und niemandem Treue schwören. Such dir einfach das für dich Beste von jedem Guru, Lehrer, Buch oder jeder Technik und integriere es in deine tägliche Praxis, damit du das Gleichgewicht zwischen Körper, mentalem und spirituellem Geist erlangst.

Wenn es dir mit der von dir entwickelten Meditationstechnik schlecht gehen sollte oder falls du Stress, Angst oder Beklemmung spürst, bedeutet dies, dass diese Technik ungeeignet für dich ist; für andere wiederum mag sie richtig sein. Sei also bitte nicht vorschnell und verurteile und kritisiere nicht überlieferte und moderne Lehren, nur weil sie dir kein schnelles Ergebnis gebracht haben. Wenn du eine Meditationstechnik zu praktizieren beginnst, solltest du dir genug Zeit und Raum geben, um sie ausprobieren, verarbeiten und beurteilen zu können. Wenn du dich nach 40 Tagen mit einer bestimmten Meditationspraxis unbehaglich fühlst, such dir eine andere Technik oder einen anderen Lehrer, der dich anleiten kann. Der spektakuläre Weg in dein innerstes Wesen ist voller Überraschungen und Erfahrungen. Du wirst angenehme und unangenehme Erfahrungen machen, aber egal welcher Natur sie sind, es ist von äußerster Wichtigkeit, dass du jeden Schritt genießt, ohne Verbissenheit, ohne Anspannung, ohne Werturteile und Erwartungen. Du musst nur bewusst sein.

Unter all den Dingen, die ich rund um dieses Thema erlebt habe, gibt es zwei große Hindernisse, die deinen Weg blockieren könnten. Das eine ist das Ego, das in seinem Eifer, möglichst schnell ans Ziel zu kommen und zu haben und zu besitzen, dich daran hindern will, ruhig und fröhlich zu sein. Das andere ist dein mentaler Geist, der dir alle möglichen Fallen stellt, damit du wieder in Unbewusstheit zurückfällst. Die Meditation entwickelt deine Intuition und deinen sechsten Sinn; sie sind Verbündete, die immer an deiner Seite sind, um dich zu führen, wenn das Ego und der Geist dich verwirren und vom Weg abbringen wollen.

Es gibt Menschen, die meditieren, als wäre die Meditation ein Rettungsring, und wenn sie Schmerz, Kummer, Depression und Leid überwunden haben, hören sie einfach auf und kehren in die Welt der Unbewusstheit zurück. Du solltest wissen, dass die Meditation ein Teil deiner Lebensgewohnheiten werden muss, denn sie ist genauso wichtig wie Essen, Trinken, Atmen und Schlafen.

Auf meinen Reisen in den Osten bin ich vielen Menschen begegnet, die nach einer Enttäuschung in der Liebe oder einem materiellen Verlust versuchten, der Quelle ihrer Anhaftung zu entkommen, indem sie in ein Kloster flüchteten, fernab vom Lärm, der Geschäftigkeit, den Menschen und dem Leben. Solange sich diese Menschen dort aufhielten, glaubten sie, Ruhe und inneren Frieden gefunden zu haben. Sobald sie aber wieder in ihren Heimatländern und in Kontakt mit der Realität waren, verfielen sie wieder in ihren ursprünglichen Zustand von Unbewusstheit und merkten, dass sie sich selbst getäuscht hatten, weil sie in die Falle des Geistes getappt waren und den unbewussten Egozustand nicht zu überwinden vermocht hatten. Du musst weder in den Osten gehen noch an einen abgelegenen Ort sonst wo auf der Welt, um dich von deinen Anhaftungen zu befreien, denn was auch immer dich ankettet, fesselt und quält wird dich begleiten, egal wohin du gehst, denn es ist in deinem Geist und dieser ist untrennbar mit deinem Körper verbunden. Das erinnert mich an die

Geschichte, in der ein Schüler seinen Lehrer fragte: „Wie kann es mir nichts ausmachen und mich nicht quälen, wenn ich bei meinem Einkauf der Lebensmittel für das Kloster die ganze Gewalt und den Lärm auf dem Marktplatz sehe?" Der Lehrer entgegnete ihm: „Warum kümmert dich das, wenn dein Heim doch hier ist?" Der Schüler erwiderte: „Ich möchte, dass alle Menschen in Frieden leben." Der Lehrer gab ihm darauf zur Antwort: „Im Tao Te King steht: Unter dem Himmel können alle das Schöne nur sehen, weil es auch Hässliches gibt. Alle können das Gute als solches erkennen, weil es auch das Böse gibt. Daher entstehen Haben und Nicht-Haben gleichzeitig. Schweres und Leichtes ergänzen sich. Hohes und Niedriges stützen sich gegenseitig. Die Vorder- und die Rückseite existieren nicht ohne einander." Da fragte der Schüler: „Aber Meister, wollen wir nicht, dass alle Menschen unseren Frieden und unser Glück kennenlernen?" Der Lehrer fragte zurück: „Würdest du die ganze Welt in einen Tempel verwandeln? Sei wie die Sonne und dein Inneres wird die Erde erwärmen. Du musst in deinem Inneren suchen. Es steht geschrieben: Mach ein Gefäß aus Lehm. Es ist der Raum in seinem Inneren, der seinen Wert ausmacht. Versieh ein Haus mit Türen und Fenstern; wenn du sie öffnest, kommt das Licht herein. Setze Speichen in ein Rad; das Loch in der Mitte erst macht sie nützlich. Sei deshalb der Raum in der Mitte, sei gar nichts und du wirst alles haben, um es deinen Mitmenschen zu geben."

Es gibt unendlich viele Techniken, Formen und Arten der Meditation. Von statischen bis hin zu ganz und gar dynamischen. Sie sind das Produkt von unzähligen spirituell Suchenden, die versuchen ihrem Leben einen Sinn zu geben und den ersehnten Frieden zu erlangen. Jede dieser Meditationen kann dir Nutzen bringen, doch erst durch deine eigenen Versuche wirst du wissen, welche die richtige für dich ist. Denk daran, dass du eine neue Technik richtig verstehen musst, bevor du sie ausprobierst. Wie einfach sie auch zu sein scheint, sie wird Emotionen und Gefühle in dir aufwühlen, und wenn du nicht in der Lage bist, diese zu beobachten, kann sie dir schaden.

Wenn du zu meditieren beginnst, musst du bereit sein, dich zu bemühen und aufmerksam zu sein; aber wenn du das Ziel erreichst, wird die Bemühung spontan aufhören und alles wird einfach, selbstverständlich und leicht. Du musst dich nicht mehr anstrengen, du musst gar nichts mehr tun, denn alles geht wie von selbst. Es ist so einfach wie sitzen und nichts tun.

Ich werde dir eine Reihe nützlicher Ratschläge geben sowie drei spezielle Techniken für den Fall, dass du dich entschließt, die Meditation zu deiner täglichen Übung zu machen. Es handelt sich um ganz einfache Techniken, mit denen du dich auf die Reise in dein Inneres machen kannst. Such dir eine davon aus und praktiziere sie 40 Tage lang. Übe sie einen weiteren Monat, wenn du dich damit gut fühlst. Du wirst sofort spüren, wenn du die für dich geeignete Technik gefunden hast. Du wirst dich auf unerklärliche Weise damit verbunden fühlen, und wenn du dieses Gefühl hast, gib die Technik nicht wieder auf, sondern praktiziere sie über einen längeren Zeitraum. Wenn dir keine dieser Techniken zusagt, geh auch diesem Gefühl nach. Es gibt Lehrer, Meister und Bücher, die dir helfen können. Wenn du dich erst einmal auf diesen Weg begeben hast, wirst du ohne Zweifel Tausende von Arten finden, ihn zu gehen. Es hängt von dir und davon ab, wie tief du kommen und wohin du gelangen möchtest.

Ich bin seit mehr als 35 Jahren auf diesem Weg und erforsche ihn immer noch, gehe weiter, lerne und genieße. Wenn du den ersten Schritt gemacht hast, ist es wichtig, dass du nicht umkehrst, egal wie beschwerlich auch der Anfang sein mag. Die Meditation sollte dich für den Rest deines Lebens begleiten. In dem Moment, in dem du damit beginnst, musst du die Verpflichtung eingehen, dir mindestens eine Stunde Zeit am Tag dafür zu nehmen, sei es morgens oder abends. Sie muss zu einer täglichen Routine für dich werden.

Egal wie traurig oder beklommen du gerade bist, ich empfehle dir, eine Pause zu machen und eine der folgenden Techniken zu auszuprobieren. Werde ruhig und vertraue darauf, dass am Ende des Tunnels ein Licht ist, aber du musst in der Lage sein, diesen Weg zur Erleuchtung allein zugehen.

Die erste Technik: Öffne die Türen deines Herzens

Ich erinnere mich noch daran, dass ich aufgeregt war, als ich auf die Kiefer in dem Wäldchen meiner Schule stieg und mich auf dem gegabelten Ast niederließ. Ich lehnte mich bequem zurück, legte die Hände auf meinen Bauch und atmete tief ein und aus, denn ich mochte schon immer den Duft des Waldes, vor allem den von Kiefern. Ich saß dort stundenlang so angelehnt, wartete darauf, dass die Strafe meines Lehrers vorüber war und beobachtete dabei, wie meine Hände sich im Atemrhythmus hoben und senkten. Ich erinnere mich noch lebhaft an diese Momente und sie geben mir Ruhe und Frieden. Viele Jahre später sollte mich einer meiner Lehrer im Osten eine seiner wirksamsten Techniken lehren. Er brachte mich an einen Ort in der Natur und hieß mich, mich anzulehnen, um es mir bequem zu machen. Als ich diese

Meditation begann, war ich augenblicklich bei meiner Kiefer aus der Schulzeit. Ich konnte nicht glauben, was dieser Lehrer mir zeigte. Das war dieselbe Technik, die ich instinktiv benutzt hatte, als ich neun Jahre alt war, und die mich schon über all die Jahre begleitet hatte.

Ich möchte dir diese Meditationstechnik vermitteln, die ich mein ganzes Leben hindurch praktiziert und weiterentwickelt habe. Mir und vielen anderen Menschen hat sie wunderbare Ergebnisse gebracht. Der Schlüssel dazu ist, sie mit einem vollkommen offenen Herzen und ohne Erwartungen zu beginnen. Dies war für mich die grundlegende Technik, der ich andere Meditationen und Techniken hinzugefügt habe. Sie wird nie im Widerspruch zu einer anderen Technik stehen, denn ihre Grundlage ist die Atmung, die Basis jeder Meditation.

Dauer: 45 Minuten

Such dir einen behaglichen Platz, wenn möglich in der Natur, wo du dich bequem zurücklehnen kannst. Finde eine Position, in der deine Ellenbogen an deiner Seite ruhen und du die Hände mit verschränkten Fingern in Bauchnabelhöhe auf deinen Bauch legen kannst. Sobald es sich bequem anfühlt, schließ die Augen.

Das Wichtigste ist, deine Atmung zu beobachten und dir jeden Atemzug zu vergegenwärtigen. Atme nicht in die Brust, sondern tief in den Bauch hinein. Wenn die Luft, die du durch die Nase einatmest in deinen Bauch fließt, dehnt er sich aus, und wenn du durch die Nase ausatmest, wird er wieder flach. Werde dir bewusst, wie deine Hände sich mit jeder Ein- und Ausatmung heben und senken. Während du deine Atmung beobachtest, werden viele

Gedanken, Emotionen, Gefühle und Geräusche aus der Umgebung auftauchen. Wenn dies passiert, beobachte nur, identifiziere dich nicht mit ihnen und lass dich nicht davon stören. Versuch auch nicht, Probleme zu lösen, die dir dein Geist schickt. Lass die Dinge einfach fließen und kehr zurück zur bewussten Beobachtung deiner Atmung. Dies wird während der Meditation wieder und wieder passieren. Mach dir deswegen keine Sorgen und versuch auch nicht, gegen die Gedanken anzukämpfen, weil dich dies nur schwächen würde und du dich noch mehr anspannst. Beobachte einfach weiter achtsam und bewusst.

Wenn du mit dieser Meditation fortfährst, wird sich dein Geist entspannen und still werden. Deine Gefühle und Emotionen werden sich beruhigen und dein Herz wird fröhlich und zufrieden schlagen. Dein Ego und die Anhaftungen werden allmählich verschwinden. Warte einfach in Stille und öffne die Türen zu deinem Herzen für diesen großartigen Moment des Friedens, des Lichts und der Freude, der sich einstellen wird, wenn du es am wenigsten erwartest.

Die zweite Technik: Überschäumender Friede und Liebe in deinem Herzen

Oftmals sind die Gedanken, die während der Meditation durch deinen Geist ziehen, so intensiv und wiederholen sich so oft, dass es keinen einzigen Moment der Stille zwischen den einzelnen Gedanken gibt. Dein Geist lärmt einfach nur und du hast das Gefühl, dass du ihn nicht einen Moment lang still werden lassen kannst. In solchen Momenten empfehle ich dir, eine sehr alte Technik zu praktizieren, die einfach, aber effektiv ist: die kontemplative Meditation.

Diese Meditation kann 20 bis 40 Minuten dauern, je nach der Zeit, die dir zur Verfügung steht. Du musst alle Anspannungen loslassen und dafür sorgen, dass es nichts gibt, was du in dieser Zeit erledigen musst. Wenn du möchtest, kannst du einen Wecker stellen, der dir mit leiser Musik das Ende deiner Meditation signalisiert. Auf diese Weise wirst du vollkommen entspannt sein und dir keine Sorgen machen, dass es zu spät werden könnte. Zunächst solltest du dir einen angenehmen Platz suchen, wenn möglich in der Natur. Falls das nicht geht, kannst du auch bei dir zu Hause meditieren, aber du musst dafür sorgen, dass dich nichts und niemand stören kann, wie zum Beispiel das Telefon, die Türklingel oder jemand, der in der Wohnung ist. Such dir eine Position, die bequem und natürlich für dich ist, entweder im Sitzen oder im Liegen. In dieser Position solltest du keine Anspannung und kein unangenehmes Gefühl in irgendeinem Körperteil spüren. Das Wichtigste ist, dass dein Rücken gerade ist. Du kannst eine leise Hintergrundmusik spielen, die dir gefällt und dir ein Wohlgefühl gibt.

Wenn du die richtige Position gefunden hast, schließ die Augen und such in deinem Geist und deiner Erinnerung einen besonderen Ort, wenn möglich in der Natur, an dem du schon einmal warst und wo du dich ruhig, fröhlich und entspannt gefühlt hast. Platziere dieses geistige Bild in den Raum zwischen deine Augenbrauen, also in dein Stirnchakra, und schau dir ganz genau jedes Detail dieses Ortes an. Während du langsam ein- und ausatmest, betrachtest du die Farben, das Licht, die Landschaft, die Formen, die Maße und die Schatten. Versuch dann, dich an den Geruch dieses Ortes zu erinnern. Nimm den Geruch der Luft wahr, der Wiesen, der Blumen und Pflanzen, der Erde etc. Atme weiter ein und aus und vergegenwärtige dir die Geräusche des Ortes: Vogelgezwitscher, andere Tierlaute, rieselnder Regen, Windrauschen, das Murmeln eines Baches, überhaupt alle angenehmen Geräusche, die dich umgaben. Versuch auch, dir vorzustellen, wie du mit den Händen die verschiedenen Oberflächen dieses Ortes berührst. Du spürst raue und glatte Oberflächen, Wärme, Kälte, Feuchtigkeit etc. Stell dir immer mehr Details dieses Ortes vor. Werde zu einem bewussten und achtsamen Beobachter jedes neuen Aspekts, der auftaucht. Spür die Ruhe und den Frieden, die an diesem Ort herrschten.

Auch in dieser Meditation wird es Momente geben, in denen dein Geist abschweift, dich aus dem Zustand der Kontemplation herausreißt und versucht, dich mit anderen Gedanken abzulenken. Du kannst diese Gedanken zur Kenntnis nehmen, sie vorbeiziehen lassen und zu deiner Kontemplation zurückkehren. Identifiziere dich nicht mit ihnen; lass sie ziehen und kehre dahin zurück, wo du vorher warst. Es wird der Moment kommen, in dem dein Geist schließlich loslässt und sich entspannt. In diesem magischen Augenblick wirst du spontan den inneren Frieden erfahren, der natürlich aus deinem höheren Bewusstseinszustand aufsteigt – und die wahre Liebe wird aus deinem Herzen fließen. Lass dich nicht entmutigen, wenn du dein Ziel in den ersten Meditationssitzungen nicht erreichst. Wenn du mit Beharrlichkeit, Ausdauer und Hingabe weitermachst, wirst du bemerken, wie die Abstände zwischen den einzelnen ablenkenden Gedanken nach kurzer Zeit größer werden und du allmählich beginnst, in deiner reinen Essenz zu fließen – dem Bewusstseinszustand, in dem wahre Liebe herrscht. Wenn du keinen Widerstand leistest, trägt dich dieser Strom zu einem Zustand vollkommenen Wohlbefindens und inneren Friedens. So kannst du im Anschluss an deine Meditation den Tag intensiv leben und all diese Energie in deinem Herzen tragen.

Die dritte Technik: Dynamische Meditation
Manche Menschen sind lieber aktiv, und möglicherweise ist es schwierig für sie, längere Zeit still an einem Ort zu verweilen. Daher halte ich diese Meditation für Menschen geeignet, die statische Meditationen praktiziert haben, ohne die gewünschten Resultate zu erzielen, und für alle, die Meditationen vorziehen, die Körperbewegung beinhalten.

Diese Meditation kann 20 bis 30 Minuten dauern. Zieh dir bequeme sportliche Kleidung und Schuhe an oder mach die Meditation barfuß. Such dir einen angenehmen Ort, wenn möglich in der Natur, wo du genug Platz hast. Bei dieser Meditation gehst du normal, aber langsam und bist vollkommen achtsam und bewusst für alles, was mit deinem Körper, deinem Geist und deinem Herz passiert. Sei dir beim Gehen deiner Atmung bewusst und beobachte ganz aufmerksam, wie dein Fuß den mentalen Befehl erhält, sich zu heben und in Bewegung zu setzen – konzentrier dich dann auf den Moment, in dem deine Füße den Boden berühren. Während du dies tust, werden verschiedene Gedanken, Emotionen und Gefühle in deinem Geist auftauchen; bekämpfe sie nicht, schenk ihnen deine Aufmerksamkeit, beobachte sie, sei ein stiller Zeuge, aber identifiziere dich nicht mit ihnen, und konzentriere deine ganze Aufmerksamkeit erneut auf deine Füße. Bei dieser Meditation geht es nicht um eine tiefe Fokussierung oder innere Sammlung. Es handelt sich einfach um einen kontinuierlichen Beobachtungsprozess, bei dem nicht entscheidend ist, was du beobachtest, sondern der natürliche Prozess des Beobachtens und Kontemplierens selbst ist das, was hier im Mittelpunkt steht.

Dienst am Nächsten als Therapie

Wenn du die kreative Visualisierung und die Meditation in dein Leben integrierst, machst du einen gewaltigen Schritt auf der Suche nach dem wahren inneren Frieden. Zusätzlich zur Meditation sollst du den liebevollen Dienst am Nächsten, ohne eine Gegenleistung zu erwarten, mit in dein tägliches Leben einbeziehen, denn das wird deine innere Entwicklung weiter voranbringen und deinem Leben einen echten Sinn geben. Dies ist das unauffälligste aber effektivste Werkzeug, das den Prozess der Ablösung und Befreiung unterstützt und verstärkt, denn wenn du anderen hilfst, jubelt dein spiritueller Geist, bebt vor Emotion und hinterlässt Spuren in deinem Herzen und in den Herzen anderer Menschen.

Wenn du einem schutzlosen Wesen, das deiner Hilfe bedarf, die Hand gibst, kommt es in deinem Gehirn zu einer chemischen Reaktion, bei der Serotonin ausgeschüttet wird. Das bedeutet, dass sich durch den Dienst am Nächsten unsere Gehirnwellen schneller ausbreiten und ihre Frequenz und Intensität zunimmt, sodass sich die Energie erhöht und dadurch Depressionen abgebaut werden.

Nach einer Vortragsreihe für Eltern, Lehrer und Kinder kam ein Vater auf mich zu und fragte, ob er an einem Ereignis – „Pinsel- striche der Liebe" genannt –, das am folgenden Wochenende in Jamundi stattfinden sollte, teilnehmen dürfte. Neben seiner Familie wollte er auch seine Leibwächter mitbringen, denn er fürchtete um sein Leben. Ich erwiderte, dass ich mich freuen würde, wenn sie kämen, aber die Leibwächter sollten keine Maschinengewehre und Pistolen tragen, sondern sich wie die an- deren Helfer mit Pinsel, Farbrollen und Farbe bewaffnen, um den anderen Familien bei der Renovierung der Hütten zu helfen. Der Tag rückte näher und wir verteilten nach dem Zufallsprinzip die

Häuschen, die gestrichen werden sollten. Die Besitzerin der Hütte aus Blech und Pappe, die dem Mann und seiner Familie zugewiesen worden war, brachte aus Dankbarkeit zehn auf Pump gekaufte Bierdosen, um sie an die Helfer zu verteilen. Der fünfzehnjährige Sohn der Familie trank sein Bier in einem Zug, weil er großen Durst hatte und ihm heiß war. Als der Vater mitbekam, dass sein Sohn das Bier ohne Erlaubnis getrunken hatte, sagte er zu ihm: „Du bist erst fünfzehn, du hättest dieses Bier nicht trinken sollen, denn du kannst betrunken werden und die Kontrolle verlieren." An diesem Nachmittag strichen sie das ganze Häuschen und freuten sich mit der alten Frau und ihren Enkelkindern.

Am Ende des Tages, als sie zum Auto zurückgingen, sagte der Sohn zu seinen Eltern, dass er allein mit ihnen sprechen wolle. Der Vater sagte lachend: „Er ist beschwipst, weil er ein ganzes Bier auf einmal hinuntergekippt hat." Sie unterhielten sich, während ich beim Rest der Gruppe blieb. Einige Minuten später kamen die Eltern allein zurück, mit verändertem Gesichtsausdruck und weinend. Der Vater sagte mir mit stockender Stimme: „Papá Jaime, ich bin keine Heulsuse, aber was mir mein Sohn gerade erzählt hat, hat mir das Herz gebrochen." Ich fragte ihn: „Was ist passiert?" Er entgegnete: „Mein Sohn hat gesagt: Vater, du warst besorgt und hast einen Skandal gemacht, weil ich ein Bier getrunken habe. Ich möchte dir etwas sagen, das ich dir vielleicht niemals erzählt hätte, wenn wir nicht hierhergekommen wären. Vor zwei Jahren hat mir mein bester Freund meine Freundin ausgespannt, nach der ich ganz verrückt war, und meine Freunde lachten über mich. Um meine Traurigkeit und Depression zu betäuben, habe ich Schnaps und Drogen genommen. Ich versuchte sogar, mich umzubringen. Bis heute sah ich keinen Sinn im Leben, und nichts und niemand hat es geschafft, mir dieses Gefühl von totaler

Erfüllung zu geben. Ich habe gespürt, wie die Leere, die ich all die Jahre in mir hatte, sich gefüllt hat mit der Freude darüber, diesen Menschen geholfen zu haben. Papa, ich habe geschlafen und heute bin ich aufgewacht. Ich dachte immer nur an Alkohol, Drogen und Chats im Internet. Ich habe mich heute entschieden, dass ich nie wieder der Sucht verfalle. Danke, dass ihr mich hierher gebracht habt, denn ich habe erfahren, dass es Leute gibt, die trotz ihrer großen Armut besser leben als wir."

Der Dienst am Nächsten ist einerseits ein spirituelles Werkzeug, durch das du wächst, über dich hinausgehst und Spuren hinterlässt. Er hat aber auch eine große therapeutische und heilende Wirkung, denn er nützt nicht nur dem Menschen, der Hilfe bekommt, sondern auch dem, der die Hilfe leistet. Es ist wissenschaftlich erwiesen, dass Menschen, die anderen helfen, ohne die Erwartung, etwas zurückzubekommen, viel glücklicher sind als diejenigen, die das nicht tun.

Aus diesem Grund schlage ich dir vor, dass du auf deinen täglichen Aktionsplan auch eine Liebestat setzt. Was ist eine tägliche Liebestat? Sie bedeutet, immer wenn sich dir eine Gelegenheit dazu bietet, dein Bestes zu geben, ohne Dankbarkeit oder Anerkennung von den Menschen um dich herum zu erwarten. Für diese Liebestaten kannst du deine ganze Vorstellungskraft und Kreativität nutzen. Sie können so schlicht sein wie zum Beispiel die Einladung an jemanden, der hungrig ist, die Schokolade und das Brot mit ihm zu teilen; oder ein tröstendes Wort für einen Leidenden, bis hin zu Taten von großem Einsatz und Edelmut, wo du alles riskierst, um dein Bestes zu geben. Du bist vielleicht nicht berühmt, aber du bist alles für diesen einen Menschen, dem du deine Liebe und Hilfe schenkst. Wenn du liebevoll handelst und mit anderen teilst, hast du nicht nur eine Wirkung auf ihr Leben, sondern deine Welt steigt augenblicklich in eine höhere Dimension, wo du den wahren Sinn des Lebens findest und dein spiritueller Geist vollkommenes Glück empfindet.

Feiere das Leben

*Du kannst nicht verhindern,
dass Traurigkeit und Angst
dich umkreisen, aber du kannst
verhindern, dass sie mit deinen
Haaren ihre Nester auf deinem
Kopf bauen.*

Die Werkzeuge, die ich dir gegeben habe, werden dir nichts nützen, wenn du lediglich nur planst und überlegst, wie du sie in deinem Leben anwenden kannst, denn ein Vorsatz ohne Handlung bleibt nur Illusion. Viele Menschen sind wie gelähmt, wenn sie sich Problemen gegenüber sehen, und analysieren stunden-, tage-, jahrelang, wann der richtige Moment zum Handeln sein würde und welches der entscheidende Schritt wäre. Während sie beschäftigt mit diesen Grübeleien sind, geht das Leben weiter und kostbare Zeit verrinnt. Um den neuen Weg zu beschreiten, brauchst du nicht viel Gepäck. Wirf ab, was dich erdrückt. Dein Gepäck ist besonders schwer, wenn du weiter in der Vergangenheit lebst und weiterhin hoffst, dass alles wieder so sein könnte wie früher. Was dich lähmt und vom Handeln abhält, ist die Angst, besonders die Angst vor der Einsamkeit, vor dem Scheitern und davor, niemals wieder lieben zu können oder geliebt zu werden.

Alles, was du bis heute gelebt hast, ist Teil der Vergangenheit und diese kommt nicht wieder zurück. Sieh deshalb die Dinge, die du erlebt hast, nicht als Problem oder Unglück, sondern als

Hindernisse, die Gott dir geschickt hat, damit du durch sie lernst und dich weiterentwickelst. Du solltest bescheiden akzeptieren und begreifen, dass dein Inneres das Einzige ist, das du ändern kannst. Verschwende deine Zeit nicht mit Fragen nach der Ursache, sondern schau nach vorn und such nach dem Sinn und Zweck dieser Erfahrungen, denn dann verleihen sie dir die Weisheit, nicht wieder in die Unbewusstheit zurückzufallen.

Wenn du dir vollkommen bewusst bist, was in deinem Inneren vorgeht, und du dich – trotz des schmerzlichen Gefühls, dass Dinge anders kamen, als du sie dir vorgestellt hattest – zu konkreten Handlungen entschließt, befreist und löst du dich endlich von der Angst, die dich lähmt, die dich zweifeln lässt und die dich vom Handeln abhält.

Wir müssen uns von unseren Anhaftungen befreien und von der Angst, unsere vermeintliche Bequemlichkeit und Sicherheit zu verlieren, denn in Wahrheit ist nichts sicher in diesem Leben. Das Einzige, was du mitnimmst, wenn du stirbst, ist die Liebe und das, was du für deine Nächsten getan hast. Das ist es, was dich unsterblich macht, denn alles andere bleibt hier.

Die Entwicklung deines Bewusstseins wird dich auf eine höhere Ebene führen. Dort kannst du das Leben andauernd feiern, indem du jeden Moment und jede Gelegenheit, die es dir bietet, wertschätzend annimmst.

Das Leben an sich ist wunderbar; es ist die höchste Manifestation der Existenz Gottes und der Liebe. Die Kunst, vollkommen zu leben, besteht darin, dass man sich an den kleinen und einfachen Dinge erfreut, die Gott und das Leben uns jeden Moment geben. Wenn du in der Gegenwart lebst, hast du die Gelegenheit, dein Leben intensiv zu schätzen, zu genießen und zu feiern.

Indem du dich heute ganz bewusst entscheidest und den Mut hast, den festen Entschluss zu treffen, dich zu verändern, wirst du deine Flügel öffnen und so hoch hinauf fliegen können, dass der Himmel dir zu klein erscheint.

Vier Samenkörner fielen auf einen steinigen, unwirtlichen Ort nieder, wo sie ständig starkem Wind, der heißen Sonne, heftigem Regen oder schwerem Gewitter ausgesetzt waren. Zwei von ihnen glaubten, dass es angenehm wäre und sie geschützt seien, wenn sie still in ihren Hüllen verblieben, denn dort würden sie nicht unter den Unbilden des Wetters leiden. Die anderen beiden entschieden sich dafür, sich in die Erde einzugraben, ungeachtet der Kälte, der Feuchtigkeit und der Angst, die sie dort aushalten mussten, nur um das zu werden, was ihnen vorbestimmt war zu sein. Die ersten beiden Samenkörner begannen nach einer Zeit aufzureißen und auszutrocknen. Sie sahen mit neidischem Blick auf ihre zwei Freundinnen, aus denen zwei schöne blühende Pflanzen geworden waren, die ihren süßen Duft über das Feld verströmten. Sie sahen, wie ihre Gefährtinnen sich umarmten und glücklich im Wind, in der Luft und in der Sonne tanzten, und waren todunglücklich, als ihnen klar wurde, dass sie sich aus Angst darauf beschränkt hatten, in einer Hülle zu überleben, ohne den Zauber, die Farben, die Schönheit und das Leben auszukosten, das ihnen angeboten worden waren.

Erinnere dich, dass die Ernte, die du heute einbringst, egal ob sie gut oder schlecht ist, nicht zählt, denn sie ist das Ergebnis dessen, was du gestern ausgesät hast. Wichtig ist, dass du heute im Garten deines Geistes bewusste Gedanken der Liebe, des Friedens und der Fülle aussäst, denn das ist es, was du in deinem Leben anziehen und morgen ernten wirst.

Lerne dein Leben in jedem Moment zu feiern und wertzuschätzen und dankbar für die einfache Tatsache zu sein, dass du dieses Leben bekommen hast. Wenn du begreifst, dass das Leben an sich schön ist (obwohl diese Person nicht mehr an deiner Seite ist oder du eine für dich wichtige Sache verloren hast), beginnst du, es zu feiern und in vollen Zügen zu genießen.

Breite deine Flügel aus und flieg!

Wenn du die kreative Visualisierung, die Meditation und den liebevollen Dienst in dein Leben integrierst, wird dein spiritueller Geist beginnen, in einer höheren Frequenz zu schwingen und er führt dich in eine höhere Dimension. Was du vorher für Probleme hieltest, sind jetzt keine mehr und dein Leben schlägt eine andere Richtung ein. Beginne von heute an, dich an kleinen und einfachen Dingen zu erfreuen, denn daraus besteht das Leben, und vollziehe mit aller Kraft die Veränderungen, die notwendig sind, um zu dem Leben zu gelangen, das du dir wünschst. Es gibt viele Dinge, die du tun kannst und die dir helfen, die Zügel für dein Leben wieder in die eigenen Hände zu nehmen.

- **Trau dich zu handeln.** Sei verantwortlich für dich selbst, entdecke deinen Auftrag, deinen Sinn und Zweck im Leben, freu dich daran, spüre ihn mit allen deinen Sinnen. Selbstverwirklichung heißt, alle natürlichen Talente, Gaben und Fähigkeiten zu finden, die von selbst deinem Inneren entspringen, ohne die Notwendigkeit, sie künstlich zu erlernen. Wenn du das machst, findest du andere Quellen des Vergnügens und der Freude, und du hörst auf, deine Energie auf das Objekt deiner Anhaftung zu konzentrieren – und dann fühlst du dich unabhängig und frei.

- **Konzentriere dich auf das, was du im Moment hast**, und freu dich darüber. Wenn du lernst, dies zu verstehen, wirst du sehen, dass du alles hast, was du zum Glück brauchst. Kon zentrier dich nicht auf Dinge, die du nicht hast.
- **Würdige und schätze die Dinge,** die zu deinem Wohl beitragen, und sei dankbar dafür, egal wie klein sie sind. Mach eine Liste der schönen Dinge, die du hast und beginn, dafür dankbar zu sein.
- **Erforsche, lebe und genieße intensiv jeden Moment deines Lebens.** Hör nicht auf, du selbst zu sein und die Dinge zu tun, die dir Spaß machen, bloß weil du einen Menschen liebst.
- **Tu, was du liebst, und liebe, was du tust.** Führe alle deine Tätigkeiten mit Glauben, Leidenschaft und Liebe aus.
- **Sei aufmerksam und konzentriere dich** auf die schönen Dinge, die du in deinem Leben anziehen möchtest, und nicht auf die unschönen Dinge, die du nicht haben willst.
- **Genieße die Einsamkeit.** Habe keine Angst, allein wegzugehen. Liebe zuerst dich selbst, und geh dann aus, erforsche und liebe den Menschen, der in dein Leben kommt.
- **Achte dich und gib dir Wertschätzung,** setzt dich nicht über deine Prinzipien hinweg.
- **Lass den Dienst am Nächsten** für dich zu einem selbstverständlichen Bestandteil deines Lebens werden.
- **Liebe ohne Bedingungen.** Lass nicht zu, dass das Gefühl von Bequemlichkeit, Vergnügen, Sicherheit, und Wohlbefinden, das ein anderer Mensch dir gibt, unverzichtbar für dich wird.

Sei dir darüber im Klaren, dass Gott nicht gesagt hat „Liebe deinen Nächsten mehr als dich selbst", sondern „Liebe deinen Nächsten so wie dich selbst".

- **Hab keine Angst zu erforschen.** Der, der nichts riskiert, verliert mehr als der, der etwas wagt. Die einzige Art, die Angst zu besiegen, ist, ihr die Stirn zu bieten.
- **Sei auf niemanden angewiesen.** Sei nicht bequem und verlass dich nicht auf andere; höre auf, dich wie ein Parasit zu verhalten und lass alle Fesseln los, die dich daran hindern, spontan und effektiv zu handeln, um deine Ziele zu erreichen.
- **Schau weder auf das, was du getan hast,** noch auf das, was du erreicht hast, sondern auf das, wovon du träumst und was du machen möchtest. Auf diese Weise wirst du schließlich verstehen, was dein Geist denkt und was dein Herz fühlt.
- **Gewöhn dir an, still zu sitzen und geduldig zu beobachten;** nur so wirst du wie ein kristallklarer See, in dem sich wie in deinem Bewusstsein alles spiegelt, den aber nichts aufwühlen kann.

Wie groß dein Eifer auch sein mag, der Weg zum Erwachen deines Bewusstseins ist ein Prozess, den du auf die richtige Art und Weise angehen musst; du darfst nicht am Ende beginnen. Das wäre so, als wolltest du Mais ernten, ohne vorher die Samenkörner gesät zu haben. Deshalb ist es so wichtig, dass du zunächst mit all den Anleitungen arbeitest, die ich dir hier gegeben habe. Mithilfe von Selbstbeobachtung und täglicher Disziplin werden sich dir die vielfältigen und geheimnisvollen Türen des Lebens und deines Bewusstseins öffnen – und das wird dich direkt zu dem heiligsten aller Orte führen, an dem wahre Liebe zu Hause ist – und sie ist Gott in deinem Herzen.